U0084744

慢旅。台灣

風俗美景｜跟著深度旅行家馬繼康遊台灣｜

城鎮漫步、鐵道尋訪，品味老建築的迷人風韻；

部落慶典、民俗盛事，感受最道地的風土人情，

透過 10 條深度旅遊路線，和馬繼康一起放緩步調，行腳台灣，

慢慢來，才能看見好風景。

作者——馬繼康

換個角度，感受台灣的多樣之美

因為疫情的關係，所以也許心甘情願，也許逼不得已，因為無法出國，只能留在台灣國內旅遊，但明明身在台灣，卻又心懸他鄉，因此常常搞出「偽出國」的名詞，弄出許多四不像的景點，美其名是多元文化融合，事實上則是根本不知道為何而來，其實台灣就是台灣，國外就是國外，如果你每天都在拿自己的女友跟林志玲比，那麼就永遠看不出女友的優點。

如果用一句話形容台灣，那就是多元，人文、氣候、地形、生態、物產應有盡有，雖然不是最大，但卻精采無比，不過總有許多人覺得外國的月亮比較圓，而忽略了我們自己所擁有的，很多人走遍了世界各地，但對自己的土地卻最不熟悉；嘴巴說愛台灣，卻搞不清楚南港與北港的差別。我用腳愛台灣，愈走愈覺得這塊土地的美好。

若以書中這些主題來玩台灣，而不是花蓮三日遊、清境二日遊類似蒐集點數的安排，對台灣可能會有另一種不同的欣賞，如果你沒發現這個地方的美，那可能是你還沒找到最好的角度。

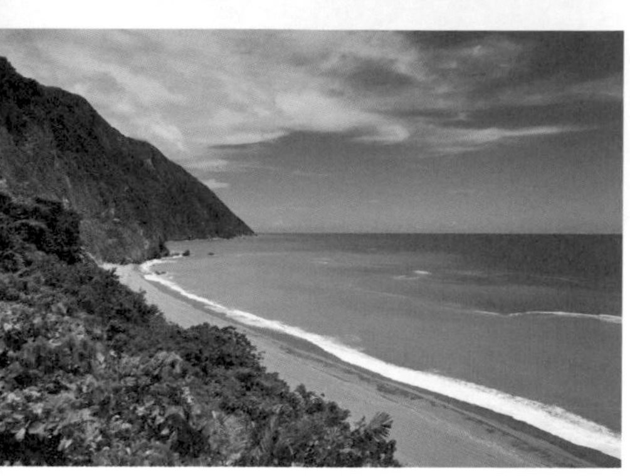

其實我帶團的時候，抱持的心態就是與大家分享旅行中曾經遇見的感動，因為找到感動的因子，所以帶隊過程總不厭其煩地導覽解說，介紹每趟旅行的理性與感性。一直相信：「先要感動自己，才能感動別人。」因為很難想像，一個連自己都不會感動的地方，又怎麼能讓跟團的團友得到全新的感受呢？

透過旅行找到生活能量，經由旅行找回生命熱情，我不只是個領隊，而是個分享與傳遞生活態度的旅行者。所以奉勸大家，與其在電視機前看鬼打架的政論節目，讓自己的心情向下沉淪，不如關上電視，行腳台灣，使生活的快樂向上提升。經由接觸理解，看到台灣的生命力與多樣性，也讓自己充滿了正能量。

馬繼康

CONTENTS

P.90
建築美學巡禮

體驗生活百態

豐年祭／歲歲是豐年
媽祖遶境／鑽轎底，求保庇
太魯閣勇士／英勇的獵場守護者
步步鯨心／險象環生的東海岸挑戰
合歡山／高嶺之花的頌歌

歲歲是豐年

豐年祭

相傳古時候遇到大旱，作物歉收，
各部落頭目商討決議舉行祭祖及祈雨儀式，
儀式完成後，果然天降甘霖，為了感謝蒼天，
每年此時，就要族人放下工作，婦女在家準備米糕食品，
男人則到海邊及河川進行漁撈，大家手牽手唱歌起舞，
這就是「阿美族豐年祭」的由來。

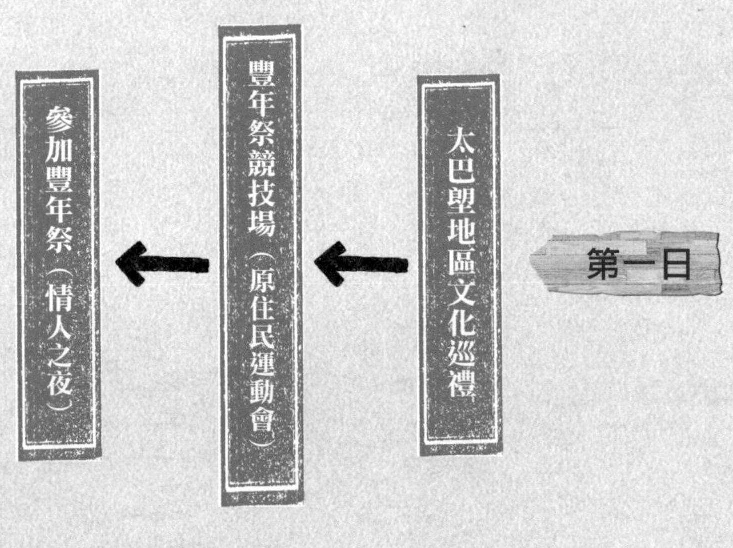

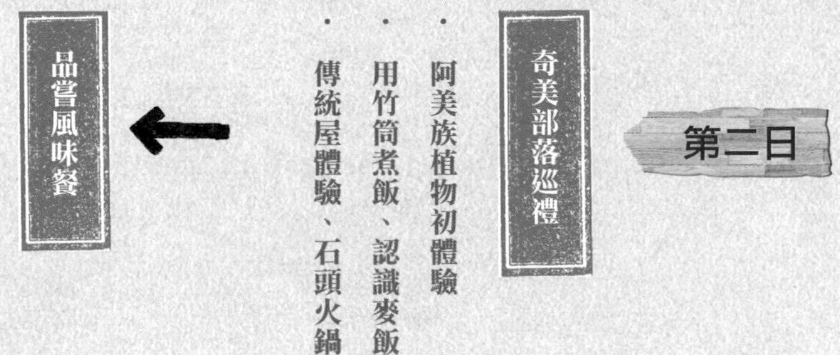

‧阿美族植物初體驗
‧用竹筒煮飯、認識麥飯石
‧傳統屋體驗、石頭火鍋

・豐年祭前的迎祖靈

在台灣，不同民族的生活方式多采多姿，使得文化活力十足，熱鬧非凡。東部花蓮更是多元族群融合的象徵，因為外省、閩南、客家、原住民幾乎是以平均的分布比例在此生活，彼此尊重卻又保留特色，這是在秀麗風景之外較少被人注意到的。

在漢人還沒來到之前，這裡都是原住民的空間。今日在花蓮的原住民有阿美族、撒奇萊雅族、太魯閣族、賽德克族、噶瑪蘭族和布農族。其中最特別的是阿美族，這是目前原住民十六族中人口最多的一族，約二十一萬人左右，分為秀姑巒阿美、海岸阿美、馬蘭阿美、南勢阿美與恆春阿美五個不同支系，大部分都在花蓮縣與台東縣境內。

每年七、八月暑假來臨，就是阿美族最負盛名的豐年祭舉辦時間，若是第一次接觸原住

· 具有原民風的獎杯

民祭典，最精采也最易親近的，當屬阿美族豐年祭。不過豐年祭是平地人的稱呼，依照部落、地域的不同，又有馬拉里基（malalikid）、衣利幸（Ilisin）和齊魯馬安（Kilumaaan）等不同叫法。相傳是因為古時候遇到大旱，作物歉收，各部落頭目商討決議舉行祭祖及祈雨儀式，儀式完成後，果然天降甘霖，於是長老們為了感謝蒼天，於每年此時舉辦豐年祭祭典，要族人放下工作，婦女在家準備米糕食品，男人則到海邊及河川進行漁撈，隨後由頭目帶領祭拜，大家手牽手唱歌起舞，這就是「阿美族豐年祭」的由來。

豐年祭．凝聚部落的力量

以前豐年祭往往長達兩週，日本人來了之後，怕原住民長時間狂歡容易鬧事，豐年祭縮得只剩下七天。像馬太鞍、太巴塱、奇美這樣的大部落，豐年祭現在也已縮減為四天，小部落可能只有一到兩天。我造訪過許多阿美族部落的豐年祭，有時候看了很心酸，因為並不是部落不重視，而是許多主辦豐年祭的中堅份子都在外地工作，沒有人力與資源的情況下，所謂的豐年祭就淪為夜市擺攤的形式，失去了豐年祭應有的精神與靈魂。

阿美族的豐年祭除了有慶豐收的意義外，更重要的是倫理意識與傳統的傳承，以往阿美族人以嚴密的年齡階層組織抵抗外族、分配部落工作、建立長幼有序的概念，在部落裡，所有成年男子都被編入年齡階層的體制中。年長者決策發號司令，中壯年負責執行及督導，而體力勞動則由青年組擔綱。豐年祭時，青年組都要到會所接受團體訓練，有些部落也將男子的成年禮併入豐年祭活動中舉辦。若部落裡年齡階級消失，當然也就使得豐年祭無以為繼。先不說這麼令人喪氣的話，還是有很多部落積極地傳承，努力維護傳統，二在光復鄉的馬太鞍與太巴塱，瑞穗鄉的奇美就是其三。

傳承祖先的智慧

馬太鞍與太巴塱的豐年祭通常在八月的第三週接連舉辦，分為一天的準備日與三天的活動期。照例會有祈福典禮，帶著酒、糯米、檳榔與戰袍向神明祭拜並祈求活動成功順利，緊接著會依年齡階級敬老尊賢，以強化倫理觀念。

豐年祭意義非常多元，包括了對祖先懷念的祭儀活動，也對自己努力辛苦一年的成果做個回顧，順便能夠放鬆休息，更重要的是讓未婚男女藉由豐年祭，有機會認識彼此，而達成

・傳統技藝劈柴

・情人帶

部落的延續。

還有包括傳統歌謠、汲水、捆柴、搗米等等傳統技藝的一連串競賽，考驗各個年齡組織用極短的相聚時間，日以繼夜地練習，為的是追求榮譽。

競賽時間多是在大太陽下舉行，但是沒人喊苦，因為這也是一種心志的磨練，反倒是前來的遊客紛紛叫苦，原住民與平地人的耐力，形成強烈的對比。藉由這項傳統技藝的競賽過程，提醒年輕人不要忘本，鍛鍊他們的體能。

原住民擁有直性情，他們所展現的幽默也是渾然天成、不加雕琢的，而且不需背什麼冷笑話，便能依著現場發生的狀況臨機應變，就算你去再多次，聽到的也永遠不會重複。像是豐年祭的場地因為跳舞而揚起滿天風沙，主持人說是乾冰特效；主持人報告說有人把車子停在加油站的入口，影響了風水，所以都沒車去加油了；太陽暫時不露臉說是已經拿遙控器關小一點了。種種的隨機笑話，讓大家聽了都直說妙，也許你不了解我的明白，因為這是要在當場才能體會的幽默。

女性至上！把你的情人背帶交給我

重頭戲在最後一天的情人之夜，這也是族裡男女表達情意的絕佳時刻。阿美族是母系社會，所以是女生挑選男生，女孩子若有喜歡的對象，可以主動上前拉心上人背的情人帶，如果男生也有意，就將情人帶遞給女生背。

阿美族家族事務也是以女性為主體並由女性負責，家族產業繼承也以家族長女優先，甚至以前從倉庫拿出食物的大權，都掌握在女性手中。

結婚是男子入贅於女方家，要先為女方義務工作幾個月或一、二年，經過家中媽媽點頭答應才算經過考驗，在強調兩性平等的今天，這樣的制度絕對會受到許多女性的歡迎。

不過情人之夜並不是一開始就進入高潮，前面一百分鐘的古調吟唱目的是敬天，但許多遊客在聽不懂也看不到他們所「想像」的豐年祭情況下，於是就駕車離開。建議大家參加豐年祭時住在附近的民宿，同時也必須要做一些文化背景的了解，不然無法入境隨俗，只能徒湊熱鬧，無法看出門道。

阿美族的私房菜單

光復鄉的馬太鞍，原意是「樹豆」，顧名思義這裡就是生長很多樹豆的地方；太巴塱的原意是「螃蟹」，也可想而知溪床中有很多的螃蟹，族人都以自己生活環境周遭的事物來替部落命名。事實上，阿美族人居住平原地區，擅長採集野菜食用，尤其喜歡吃植物的嫩莖，像是稱為半天筍的檳榔心、吃來苦甘苦甘的黃藤心（常用來煮排骨湯），而一般吃的蕨類，像是山蘇、過貓，也在阿美族的野菜名單上，日常食用的野菜至少超過一百種以上。來參加一年一度的豐年祭，也可以在附近的風味餐廳吃吃平常不容易嚐到的野菜饗宴。

除了野菜，馬太鞍也有一種相當特別的巴拉告（Palakau）捕魚方式，說明了原住民與自然共存，不竭澤而漁的心態，也是適應馬太鞍沼澤環境而發展出來的一種生態捕魚方法。說是捕魚，不如說是養魚，其實就是營造一個魚蝦可以棲息的環境，讓牠們能在裡面繁衍生長，每次捕捉時只抓取夠吃的分量，這樣就有源源不絕的魚蝦可以食用。

藏身在海岸山脈裡的阿美族・奇美

不過想品嚐最道地的阿美族美食，就得來到靜靜隱身在海岸山脈裡的奇美部落，這裡正是泛舟的中途休息站。奇美是阿美族五大系統中秀姑巒阿美支系的發源地，地處的瑞穗鄉似乎算不上什麼偏遠地區，但奇美卻一直等到民國七十五年，部落聯外的瑞港公路才開通，就算現在有了公路，但也常常因雨坍方，離瑞穗似乎很近，卻又很遠，所以依舊保有相當純樸的色彩。奇美部落的豐年祭要求相當嚴格，對遊客也有很多的規定限制，不過也由於如此，更加保存了自己的傳統。不過就算不是在豐年祭期間到來，奇美一樣張開雙臂等待大家了解它的文化。

· 豐年祭高潮：情人之夜

物・巴拉告

巴拉告可以分為三層，最底下的一層是用竹筒或蛇木平鋪，這是鰻魚、鱸鰻最喜歡的躲藏地點，中間鋪上一層成捆的樹枝，提供小魚小蝦棲身之所，而吳郭魚最喜歡上層覆蓋雜草堆或棕櫚葉的環境。第一層魚兒的排泄物及食物碎屑，掉到下層變成小魚小蝦的養分，而魚的屍體則成了無鱗片魚兒的食物，這也是一個小型的生態體系，只要帶著一個三角漁網，就可以輕輕鬆鬆抓魚加菜。

▲巴拉告　　▼祖先的智慧

人說靠山吃山，靠水吃水，秀姑巒溪橫穿了海岸山脈，奇美部落也充分利用這條溪流。部落族人有技巧地將蝦簍放在溪流靠近岸處，還得以細繩綁住不讓它隨河水飄走，在蝦簍中放進飼料，香氣會吸引溪蝦前來覓食，蝦簍的設計是進得去但出不來，因此等到隔天早上收成時，滿滿的溪蝦，讓人感受到收成的喜悅。上面堆疊的石塊代表這個蝦簍是有主人的，沒人會去侵擾，很多人會問：「那萬一好地方都被占據了怎麼辦？」族人的回答倒也妙：「那就代表你太偷懶，沒有早一點出門。」「好地方」會一直變化，沒有永遠的好地方，溪蝦會因為水流改變而更換牠的棲息地。

· 原味台灣鯛

名副其實的石頭火鍋

在部落裡凡事都要自己親力而為，連吃飯也不例外，必須先用竹子切刻碗和湯匙。這真是環保的做法，因為原住民以前外出只帶刀、鹽巴與火種，食材與餐具都是就地取材。

吃飯的傢伙處理好後，接下來就要料理食材，從溪中捕來的新鮮魚蝦當然要用尚青的方法保留原味。秀姑巒溪畔有許多麥飯石，這些表面看起來有米粒組織的淺灰色噴出岩，其實就是斑狀安山岩，米粒狀的結晶其實是角閃石與斜長石。石頭可不能亂撿，因為撿來的麥飯石必須升火燒紅，若不是麥飯石，加熱時石屑亂飛，可就相當危險。麥飯石變紅之後，再放到以檳榔葉苞做成的器皿裡，滾燙的石頭瞬間就能把器皿裡的水煮沸，當然魚蝦也就煮熟了，卻也保持了鮮味，加上一些刺蔥去腥，就是一道原汁原味的「石頭火鍋」。

除了石頭火鍋，族人也將芒草割下來交錯編織，再將吳郭魚放在裡面包起來。水煮沸後下水煮熟，什麼調味料都不用放，也不會有土腥味，因為芒草能達到去腥的作用，也有助於定型，吳郭魚起鍋後十分完整，不至於四分五裂。過程十分環保，還有人把芒草包拿來背在肩上，還滿有幾分潮流包的味道。

褪下城市喧囂的慢活時光

我每次來到奇美部落，最期待的不是豐盛

事・奇美與秀姑巒溪

秀姑巒溪橫穿海岸山脈，因此奇美也與這條東部最大河流息息相關，發展出許多依河而生的特殊文化習慣。這條水路，也是以前沒有公路時，奇美部落出入瑞穗的唯一通道，從奇美拉船到瑞穗，必須逆溪而上，部落用互助與換工的方式，一起以人力拉船到瑞穗，十分危險，但為了將部落種的農作物運到瑞穗去賣，並從瑞穗帶回日用品，再辛苦也得做。

▲馬太鞍的年齡階級柱　　▼阿美族敬老尊賢，耆老是部落的寶

・能歌善舞的阿美族

的午餐，而是飽餐後，在傳統屋裡放空躺下，打個小盹，這是最享受的時刻。沒有睡過，就無法充分感受部落裡的慢遊氣氛。奇美部落以失傳多時的工法和儀式搭建作為家屋及集會場所的傳統茅草屋，牆面用竹片編織，屋頂用茅草搭建的屋子，是傳統阿美族的生活重心。

茅草屋重現了以往的生活，讓不同文化的遊客能更進一步了解阿美文化，也讓象徵生命的傳統文化可以繼續延續下去，使得部落年輕人有了心理上的支柱與歸宿。在傳統祖屋裡躺著，徐徐涼風吹來，更能夠體會屬於奇美的這片好山好水，以及他們流傳已久的生活智慧。

有機會來到部落拜訪，千萬不要帶著先入為主的觀念，或是應該如何的想法，既然選擇造訪，就要入境隨俗，敞開心胸，拋開成見去體驗，絕對收穫滿滿，感動多多。

歌舞達人‧阿美族

阿美族人天性喜歡舞蹈、熱愛歌唱，據說如果阿美族人從來沒有參加過歌舞以娛神者，死後將不會被祖靈所接納，更無法到達身後的樂園。因此阿美族男女皆熱衷歌舞，連服裝也是以各種鮮豔顏色搭配出熱情如火的意象。

不過今日我們所見阿美族色彩繽紛的服裝與配件，其實是在民國六十年代之後陸續出現的，因為隨著觀光興起，視覺上的吸睛是重要的，像是以前到太魯閣一定會在中橫公路牌樓前與盛裝打扮的阿美族姑娘合影留念，再加上物資取得較以往便利，舊時都是得靠以物易物或是就地取材，現在假珠、塑膠製品也出現在族人的服飾打扮上。

在田野工作時，族人常以歌聲來褪去辛勞，遇到祭儀活動，那更是載歌載舞、十分歡樂。卑南阿美郭英男所唱的老人飲酒歌，曾經登上亞特蘭大奧運會，那渾然天成的聲音，讓許多外國人驚豔，也讓大家可以從另一個角度認識阿美族。

· 杵臼造型獎杯

鑽轎底，求保庇
媽祖遶境

台灣是全世界信仰媽祖極盛之地。
大甲媽遶境早已是民間盛事，
遶境活動就像一場大型嘉年華會，
能見到台灣最本土的風俗民情，
感受台灣常民信仰的魅力。
隨著隊伍走一趟，你絕對不會後悔。

九天行程

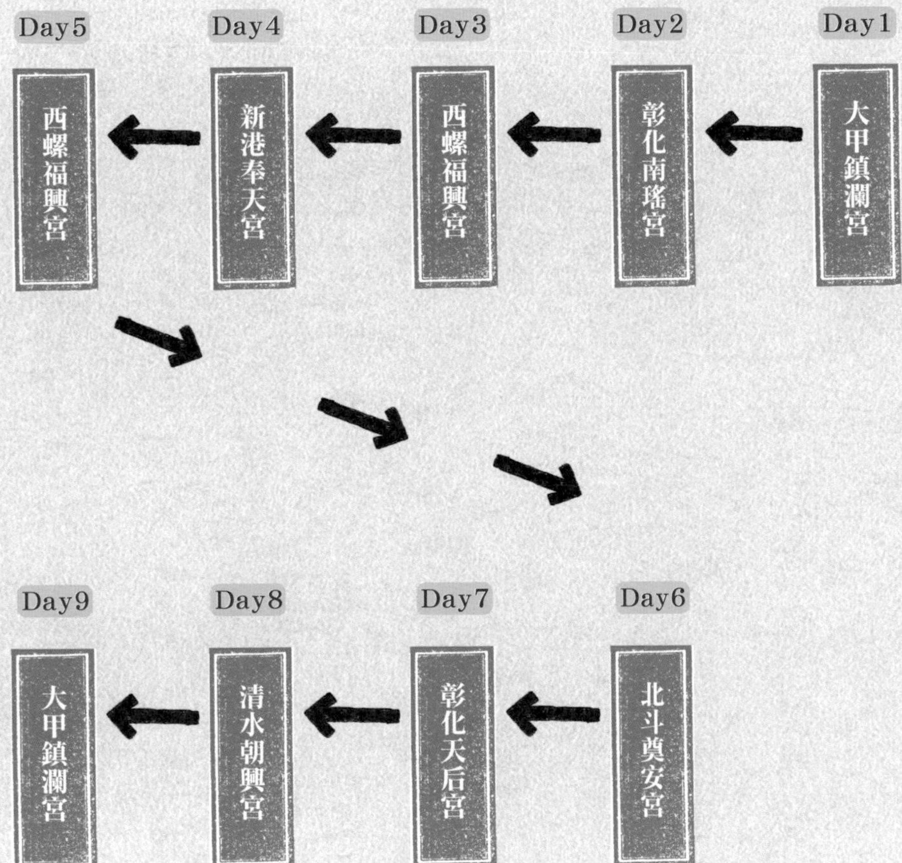

Day1
大甲鎮瀾宮
Day2
彰化南瑤宮
Day3
西螺福興宮
Day4
新港奉天宮
Day5
西螺福興宮
Day6
北斗奠安宮
Day7
彰化天后宮
Day8
清水朝興宮
Day9
大甲鎮瀾宮

台灣三步一宮，五步一廟，民間奉祀的神祇不知凡幾，若真的要做個排名，那麼媽祖絕對是香火名列前茅的神祇之一。媽祖是福建莆田湄洲島人，據說母親在夢中吞下觀音菩薩所賜的藥丸，懷胎十四個月產下媽祖，又因出生逾月不哭，所以取名林默娘。二十八歲重陽節時得道升天，因此湄洲島的媽祖廟宇神像，多半是媽祖少女時的模樣，法相清秀，體態輕盈。但綜觀台灣各地媽祖廟裡的媽祖神像，通常被塑造為中年婦女，不但身材豐腴，面容更是慈祥高雅，外觀沒有女性的特徵。

為何會有這樣的差別呢？全世界的媽祖信仰者約有兩億人，分布在世界各地，這倒不是外國人被媽祖感召而追隨，將媽祖信仰帶至世界各地的，多半是福建廣東的移民，這兩個省份也是著名的僑鄉，福建有「七山二水一分田」的說法，因為生活不易，必須離鄉背井向外發展，但渡過黑水溝來台也並非易事，六死三留一回頭，說明了渡海的辛苦，媽祖不僅協助這些人安然渡海，更發揮了安定人心的力量，因為這些羅漢腳來台舉目無親，亦無妻小，在人生地不熟的土地上，唯有家鄉帶來的信仰才能撫慰孤獨的心情。

在不能哭著回去找媽媽的情況下，移民到台灣的人就將戀母情結移轉到媽祖身上，台灣的媽祖信仰之所以盛行，就是因為台灣人將媽祖當作大家共同的母親來崇拜，因此民間多半親切地稱呼媽祖為「婆仔」，可看出其深入民間的親切形象。

九天八夜的大甲媽遶境

台灣不是媽祖的出生地，最後卻是全世界

▲繡旗隊　▼遶境花車

媽祖信仰最盛的地方，粗估在台灣有大大小小六百多間的媽祖廟，尤其像九天八夜的大甲媽祖遶境，規模之大，參與的信眾之多，都成為宗教盛事。

其實大甲媽祖遶境原本是八天七夜，為何多了一天呢？原來是沿途的民眾太過熱情，攔轎搶轎往往延誤既定時間，許多大甲的居民反應，自己的媽祖出巡遶境，好不容易回到大甲可以參拜，卻因要匆忙趕路而無法多做停留，有顧此失彼的怨言。於是在擲筊獲得媽祖同意後，便增加了一天，並在台中清水多停留一晚，最後一天回到大甲就有非常充裕的時間了！

有人說在台灣必做的三件事：登玉山、騎自行車環島、泳渡日月潭。我覺得要再加上跟著大甲媽遶境，因為從這個活動中不僅見證了民間信仰的影響力，更讓陌生人之間找到共同

・素果表達敬意

話題相互扶持，從每年信徒自掏腰包奉獻以及各家企業發願提供各項協助，讓人看見正面的能量，讓人不免想：如果台灣社會每天都像媽祖出巡這般祥和就好了。

千百種理由，也要為媽祖走一趟

每年的元宵節就會決定大甲媽遶境的時間，用擲筊的方式請示媽祖日期與時間，不過為了讓各界人士能夠參與遶境，多半都會從農曆三月的某個週五晚上開始，到下一個週日回鑾大甲結束。

接下來在一個多月等待出巡的時間裡，整個大甲就有一連串的活動。台中市政府已將媽祖遶境擴大為大甲媽祖觀光文化節，透過街舞比賽、攝影比賽以及馬拉松等各樣活動，為遶境高潮先行暖身。

· 遶境景況

順風耳將

・遶境陣頭

· 虔誠

許多人跟著媽祖遶境的理由原因都不同，有的是為了虔誠的信仰還願，有的是懷抱對事業健康的祈福，有的是因為學校老師的要求，像是藝術大學舞蹈系便有這樣的要求，有些則是來參與一場熱鬧的嘉年華會，不管哪種理由，每個人回去雖然肉體疲累，但得到的難得經驗十分值得。這些跟著遶境的人們，累了就睡在學校或廟宇提供的簡單住宿空間，也有貨櫃改裝的洗澡車讓人洗去一天的疲累，甚至換洗的髒衣服也不用背在身上，宅急便有時也會免費幫你宅配回家，鋪天蓋地全部都是以媽祖之名。

有鑽轎底就有保庇

在媽祖沿途經過的路上，隨時可以看到民眾在自家門口擺上香案膜拜，而要獲得媽祖庇佑最好的方式就是「鑽轎底」，不管晴天雨天，許多信徒不分貴賤，摩肩擦踵，伏跪在地上，等待媽祖神轎從上方經過。

不過鑽轎底也有些禁忌，像是不能起身觸摸神轎、帽子包包都必須卸下，女性如果剛好遇到生理期間也不能鑽轎底，不過可以請朋友帶著自己的衣服，再將鑽過轎底的衣服穿在身上，一樣有加持的效果。

可能有些人對此嗤之以鼻，但每年新聞報導總是不乏罹患絕症的病人希望透過這項儀式得到媽祖的祝福。宗教信仰本來就是求得心靈上的平靜與支持力量，全世界的宗教都有這樣的行為，許多人說我不是媽祖信徒，不拿香祭拜，所以根本不會來參加。不過我倒希望大家不要完全用宗教的眼光來看待這件盛事，它有非常多文化的內涵是可以觀察的，如果畫地自

・鑽轎底

限，人生會錯過很多精采的體驗。

另外要得到媽祖庇佑的方法是壓轎金。神轎沿途經過的宮廟，都會放上兩條長板凳讓轎夫及媽祖能夠休息，神轎不與長凳直接接觸，所以都會先置放厚厚的幾疊金紙，等到神轎離開後，這些壓轎金就像是被媽祖加持過的平安符，眾人紛紛伸手來搶，因為據說如果遇到難事必須祈求媽祖，卻無法到廟裡，便可在家中點上清香，對著天空請求媽祖到家中，默禱完畢後再將壓轎金焚化即可。

不得馬虎的遶境禮數

媽祖的遶境隊伍往往綿延好幾公里，內行看門道，外行看熱鬧，這麼龐大的隊伍可分為兩大主軸，一是前導開路隊伍，主要目的是告訴信眾：「媽祖神轎快來了！請大家趕快做好準備！」另一個是駕前隊伍，功能就是護駕以及壯大出巡的聲勢。各有功能職掌，當然也是認是台灣民俗宗教之美的最佳窗口。

第一個出現在前導開路隊伍的是報馬仔。他的服裝引人注目，身穿黑衫，頭戴斗笠，戴老花眼鏡，手持銅鑼、菸桿，肩上扛著紙傘，紙傘上又吊著錫酒壺（長壽祈福）、豬腳（知足）、韭菜（長長久久）。褲管一高一低，一腳穿草鞋，一腳赤足，代表人生難免不全，但仍須盡忠職守。後頭依序出現的是頭旗、頭燈及三仙旗，還有開路鼓。

駕前隊伍有頭香、貳香、參香及贊香，這四個團隊以前靠搶香，現在則是協調方式讓各廟參與，提供遶境時的陣頭、花車與劇團，這是莫大的殊榮；繡旗隊多半由婦女組成，許多都是來還願的，用步行的方式回覆媽祖對她們的恩情；其後的彌勒團、太子團、神童團、哨角隊與執士隊，都有一定的順序與排列，千萬不能失了禮數，有所怠慢。

媽祖婆的歡喜冤家

每年媽祖遶境期間多少都會遇到下雨的狀況，就算下雨行程依舊不變，不過在民間傳說裡，就有一段有趣的故事，這與媽祖和大道公的一段情史有關。媽祖與保生大帝大道公均為宋代福建人氏，民間傳說大道公與媽祖婆原本是一對戀人，當大道公迎娶的花轎抵達媽祖家中之時，媽祖見母羊生產之痛苦狀，因此萌生悔意而退婚；大道公無故被拋棄，心有不甘，於是每當媽祖婆誕辰遶境時，就施法降雨意圖淋下媽祖臉上的脂粉，媽祖也不甘示弱，每逢

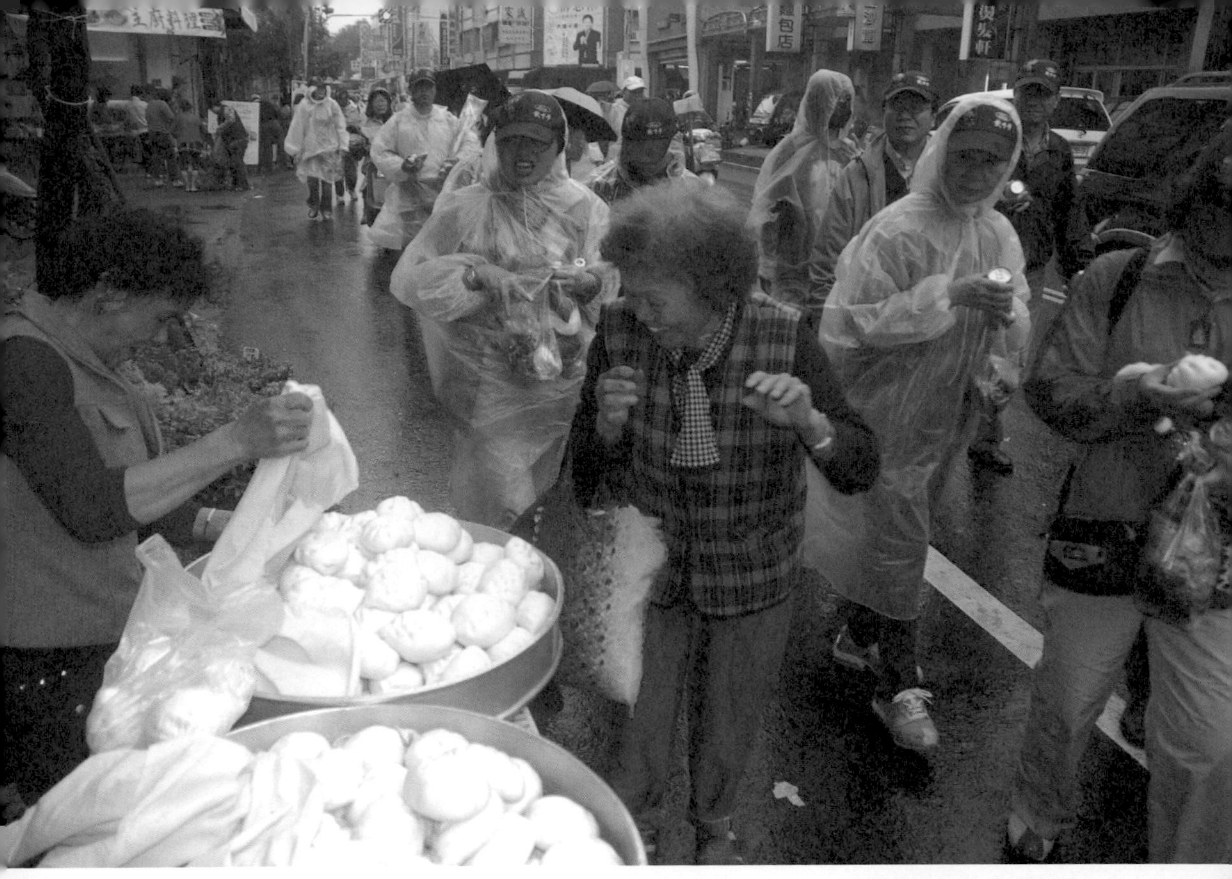

· 志工發放免費食物

保生大帝出巡時，即施法颳風吹落大道公頭上的帽子。因此民間有「大道公風，媽祖婆雨」的諺語，意謂大道公誕辰（農曆三月十五日）都會颳風，媽祖誕辰（農曆三月二十三日）就會下雨，顯示二人鬥法至今不休。其實農曆三月正值梅雨季節，下雨乃是自然現象。

參加媽祖遶境，你可以發心全程參與，也可以像我一樣，每年選其中一天參加，體會不同地區的虔誠與民俗。像是進入彰化市區，感覺整座城市都是媽祖的信徒，接連不斷的炮陣與煙火迎接，因為炮聲愈持久，神轎前進的速度也就變慢，而停留的時間愈久，所受到的庇蔭福分也愈多；要過民生地下道時更是宮廟搶轎之地，一百公尺的地下道，有時一兩個小時走不完，還得出動便衣警察幫忙抬轎，以防搶轎發生衝突。

羹湯、肉粽、桂圓糕・人情滿滿的旅程

信徒對媽祖的熱情也展現在遶境信徒的身上。沿途不用擔心餓著肚子，用餐時間宮廟都有準備辦桌的食材，炒麵、米粉、各式菜餚吃免驚，沿途的點心還有許多選擇，肉粽、米粿、羹湯、水果、桂圓蛋糕，甜的、鹹的、熱的、冰的應有盡有，為一路奔走的旗隊與信眾提供了最佳補給。

拿到這些食物記得要懂得惜福感恩，只拿自己吃得下的，不要有吃擱有抓，留一些給後來的人共同享用；我也曾聽過對食物挑挑揀揀的，嫌人家煮得不好吃，或是嫌種類變化不多，這都不是好的態度，沒人欠你什麼，每個人都是為了媽祖發心來提供服務，感激才是真正的遶境精神。

每年的這些食物所造成的垃圾量也十分巨大，因為免洗餐盤具使用量驚人，鎮瀾宮也逐年在推動環保遶境，在此也提醒大家自己備妥碗筷，減少對環境的汙染及浪費。

也許你會覺得這樣的旅行辛苦，但過程中不認識的人彼此都會互相鼓勵加油打氣，許多人都會跟你分享他與媽祖的故事，當參加過許多吃好、住好、不用腳的舒適旅行之後，來一趟這樣的行腳旅行，肯定有不同滋味。相信我，當時光飛逝往回看，你印象最深刻的，一定會是這段回憶。

・Q 版媽祖

張羅一切的神明・媽祖

媽祖是航海之神，但現在舉凡健康、考試、事業、生育、農事，媽祖婆無所不包，就像媽媽打理全家的大小事，也是一手包辦。媽祖成神後從宋朝開始就有人祭拜，最早對媽祖的冊封是宋朝的「靈惠夫人」，元朝封為「靈惠妃」，元末時再封為「天妃」，直到清朝康熙皇帝派施琅攻下台灣後，媽祖被尊為「天后」。

原來施琅能夠成功渡過黑水溝，將鄭氏王朝殲滅，據稱是媽祖協助與海上的指引，真實性當然值得懷疑，但康熙皇帝也樂得藉此顯示鄭氏王朝與清朝的政治爭鬥過程中，媽祖是站在延續正統的大清帝國這一邊，在後來幾次的渡海平亂中，清朝也都是打著這樣的旗幟，尚未開戰前，敵軍的心理就已經先弱了一半。直至今天，台灣的地方選舉也常見候選人告訴選民自己是媽祖的信徒與子民，企圖獲得政治利益。

・宮廟接駕

· 三十六執士團

太魯閣勇士

英勇的獵場守護者

火車發出轟隆的聲響，緩緩地開過和平溪，
往窗外望去，能看到聳立在和平水泥專用港邊，
那高高的煙囪上畫著的原住民人像圖騰，
彷彿正宣示著：
你，已經進入太魯閣族的領地。

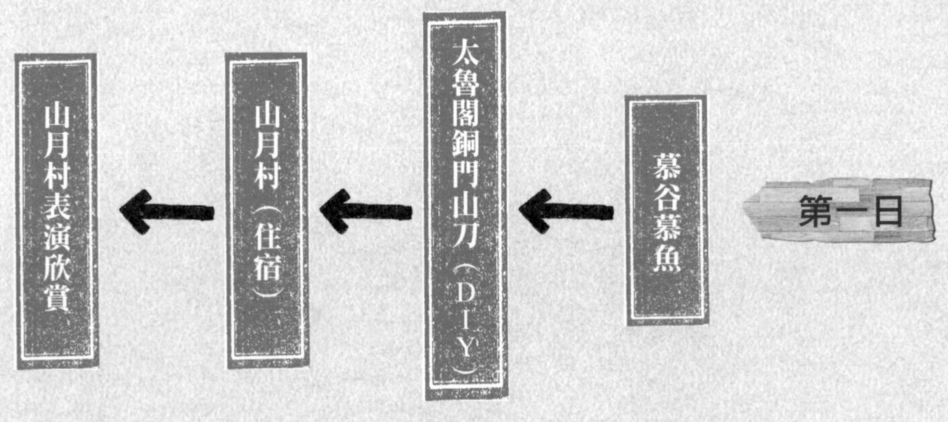
第一日
慕谷慕魚
太魯閣銅門山刀（DIY）
山月村（住宿）
山月村表演欣賞

第二日
同禮步道

坐火車往花蓮行去，當列車過了和平溪後，就能看到和平水泥專用港邊，那高高聳立的煙囪，而煙囪上畫有原住民的人像圖騰，表示已經來到花蓮縣秀林鄉，從這裡開始，也正式進入太魯閣族的傳統居住地。

太魯閣族（Truku）屬於泰雅族兩個支系中的賽德克亞族，原本居住地是在中央山脈濁水溪的上游，也就是現在的南投縣仁愛鄉，大約距今三百年前，由於族群人口不斷增加，導致耕地不足，收成不敷部落支應，獵場也多半重疊，導致部落間的爭執與困擾層出不窮，為解決此一環境負載飽和的問題，另尋桃花源，找尋新天地，於是翻過中央山脈，來到立霧溪、木瓜溪、三棧溪的河谷，建立起屬於自己的新樂園。

「跨越中央山脈」現在對我們來說再也簡單不過，只要開著車沿著公路行駛便能做到，但在三百年前，當時沒有公路，再加上部落對於大自然泛靈的敬畏之情，要做這麼大規模的人口遷徙，實在是得下很大的決心，突破自然的屏障與心裡的障礙才能做得到。

他們在陡峭的山壁裡找尋平坦的河階台地安身立命，形成聚居的小村落。太魯閣在族語的意思就是「山腰的平台」、「可居住之地」，這也是易守難攻的「瞭望台之地」，因此太魯閣族祖先稱住在此地的人為太魯閣族，而遷移的居住地區，就叫「太魯閣地區」，也成為太魯閣名稱的由來。

太魯閣的心臟地帶

在木瓜溪出山河口處的銅門社區，有個響亮的名字：「慕谷慕魚」。這不是什麼魚的種類，之所以會叫這個名字，乃是大約三百年前，原本居住在南投春陽溫泉的太魯閣族，翻越奇萊峰、能高山，來到秀林鄉木瓜溪的河階地開墾，慕谷慕魚即是第一個來到此地開墾的家族；後來因為這裡產銅，又是交通隘口，所以改名為「銅門」。

慕谷慕魚包含了銅門與榕樹社區。過了銅門橋，就可看見銅門村入口的地標，是一座手持長茅的人像，這是銅門村太魯閣族居民們為了紀念祖先「慕谷慕魚」所立的人像，它不但是族人們感恩的象徵，也代表著從這裡開始，即將進入神祕的「慕谷慕魚生態廊道」。關於這座人像，背後也有個有趣的故事，解說員Doyong說，原本這個人像手上的長茅方向是指著旁邊的小山豬像，作勢要獵山豬，象徵族人的勇士精神，但大部分人都忽略了，反而解

· 慕谷慕魚標誌

・一線清涼

釋說是指著村落，村中果然因此紛爭不斷。後來在村人堅持下改變茅的方向，說也奇怪，村中從此類似的事件就不再發生了。

慕谷慕魚生態廊道主要沿著木瓜溪和清水溪而建的產業道路構成，兩條溪流的水力資源相當豐沛，沿線共有龍溪、龍澗、水連、清水、清流、銅門、榕樹和初英等八座發電廠，多是日本人規劃，也可看出日本人早就覬覦這片豐富的資源。沿途深潭處，碧綠耀眼，巨石紋理任人發揮想像力，彷彿未經開發的處女地。

除了電廠外，日本人還留下了能高越嶺道路的遺跡，西元一九一四年的討伐太魯閣蕃戰爭裡，日本人兵分五路攻打，其中一路便是沿此道進入深山部落。峭壁上斧鑿的痕跡依舊清晰明顯，而如今道路上的明隧道處處，也成為這裡的一大特色。

人・太魯閣族

太魯閣族人原本是被劃分在泰雅族裡，這是根據日本人類學家所做的類別區分，也就是我們熟悉的原住民族群之一。但隨著原住民族自身意識的提高，以及正名運動的風起雲湧，台灣目前經過官方認可的，已有十六支原住民族，太魯閣族在民國九十三年獲得正名，成為全國第十二個原住民族。

▲太魯閣族傳統樂器木琴　　▼山月村

祖靈信仰・聽gaya的話

太魯閣族人的傳統宗教信仰是祖靈，祖靈會庇佑子孫。但前提是所有子孫必須遵從祖先所遺留下來的習俗、教訓和規範，也就是祖先的「gaya」。gaya意指風俗，但其真正的內涵無所不包，從法律、道德、禁忌、儀式、禮俗等規範都涵蓋在內。太魯閣族人相信人一生的所有言行必須符合祖先的gaya，若是違反，必定觸怒祖靈，降下災禍。Doyong舉起手臂告訴我，就像捕溪中的魚，一定要超過手肘的長度，抓了太小的魚，不僅會觸怒祖靈，村中的人也不會原諒，由此可見gaya對於生活的影響，也可看出現在所談的生態保育觀念，早就落實在太魯閣族人的日常生活中了。

太魯閣族人各個擅於打獵，在以前的生活裡，會打獵不僅僅是維持生計，更是太魯閣族男性成年的象徵。傳統上，太魯閣族的男性，要具備高超的狩獵技術，才有資格紋面，才代表自己在部落中占有一席之地。獵區的保護更是全體部落成員的共同責任，每個部落均有固定的獵區，就像是今日的行政區域劃分，也由於狩獵團體的組合形成部落男子之間共擔責任的團體意識。為了維護部落的獵區，防止敵對部落或族群入侵，族人必須團結一致。

因此有把好用的獵刀就是他們非常重要的生活工具。銅門村的太魯閣族更以打造耐用鋒利的獵刀聞名全國，如果想買把樸素剽悍的獵刀，一定要逛逛銅門村古老的打鐵店。這些店家專門打造各式獵刀，根據不同的用途有長短、厚薄，甚至彎度不同的分別，其刀鋒銳利耐用，不只原住民喜愛，連一般登山友都會買來當作開山闢路之用。除了真實尺寸的獵刀，還有裝飾用的小獵刀可買，例如可放在桌上辟邪的番刀、美麗小巧的獵刀髮髻等等。

如松樹堅定的勇士靈魂

既然是太魯閣勇士之旅，那麼吃、住、玩都得要原汁原味，山月村是一家全部以太魯閣族為主體的旅館，位在太魯閣布洛灣的這間飯店，房間數並不算太多，但此處不僅美食、住宿布置和擺飾皆遵照傳統，更重要的，是員工也全聘用太魯閣族人。「村長」鄭明岡說：「布洛灣原本就是太魯閣族居住的地方，因此希望族人能在自己的祖居地上工作，不用離鄉背井。」

下午在銅門看到的山刀，山月村拿來做成極具特色的鑰匙圈，村長說：「太魯閣的山刀可以避邪，遇見不好的事就把山刀放在枕頭下，便能去除惡靈，擁有重要的文化意涵，這把鑰匙圈山刀雖是木頭刻成，不具殺傷力，但進房後沒有掛好就會作惡夢。」若要更進一步了解太魯閣族的文化特色，每天晚上八點的太魯閣族表演，絕對不能錯過，我從表演者的臉上，彷彿看到他們的祖先開疆闢地，抵抗外侮的意志力。年輕的一代用歌聲、文化以及服務呈現新的面貌，這是一家會令人感動的旅館。在第二天挑戰同禮步道前，你可以從這邊得到出發的力量。

事・住在山上的原住民

現在真正住在山上的原住民已經不多了。日本人曾經在大禮設有哈魯閣台駐在所，方便管理與就近監控，最後一批部落居民於民國六十九年在國民政府平地化政策下撤離。大禮大同的族人如今多半住在閣口附近的富世社區及可樂社區，假日上山種田，種植一些玉米、劍筍及馬鈴薯貼補家用。但隨著原住民失業問題日趨嚴重，有愈來愈多的原住民只能把在山上的工作當成正職來經營。

・教堂一隅

男為紋面好獵人，女為編織好巧手

太魯閣的分布區域北起於花蓮縣和平溪，南至紅葉及太平溪這一片廣大的山麓地帶，這是屬於高山的一支民族，行政區域劃分上屬於花蓮縣秀林鄉、萬榮鄉及少部分的卓溪鄉立山、崙山等地。

日本統治時期，日本人雖然改善族人的生活環境，但是陸續廢除紋面、教其種水稻、設立蕃童教育所、設置養蠶所，教部落婦女更高經濟價值的產業。雖然在日本人眼中都是德政，但同時也對太魯閣族的文化產生了毀滅性的影響。

太魯閣族人向來以精緻的編織著稱，在以前，部落裡的女性若是不會編織，就沒有資格在臉上紋面。而紋面則是部落的成年象徵，代表著榮譽，也傳達男子是個好獵人，女子是個好織手的訊息，而這也是往生後度過彩虹橋與祖靈再度會合的標誌。以往傳統的編織器不僅笨重，長久使用也造成背部及腰部負擔。因此現在引進小型織布機代替，而傳統的苧麻線，也以棉線代替，如此可以降低成本，增加購買者的意願，為部落婦女帶來一些收入。傳統的苧麻必須經過種、摘、煮、搓、染等等的工序，用製好的白色苧麻線或是以薯榔染色的紅褐色線，織成條紋狀，象徵彩虹橋，也會夾雜菱形花紋，代表祖靈的眼睛無時無刻不在照顧後世的子孫，服飾中也透露出文化意涵。

探訪深山中的同禮部落

同禮步道通往大同與大禮部落舊址。西元一九一四年的「太魯閣討伐戰爭」，當時領導抗日的總頭目哈鹿閣那威，便是赫赫斯社（今大禮）的頭目。我們一步步走上陡峭險絕的路徑，上氣不接下氣地與地心引力搏鬥，準備一訪大禮及大同部落。看著從髮際流下的豆大汗珠滴落在土地上時，心中也再度遙想起這段鮮為人知的血淚歷史，也暗暗欽佩這個生長在山上寧死不屈的民族。

從太魯閣遊客中心所處的台地出發，約一個半小時左右，便可以來到位於海拔八百公尺高度的流籠頭；除了從遊客中心台地出發外，過錦文橋往蘇花公路前行約四百六十公尺處，有著巨大的綠色輸水管，這是台電立霧發電廠引水的管道，從這兒往上走也可以來到流籠頭。這個流籠是山上與山下聯絡最快捷的方式，山上的原住民利用這個流籠運送農產品通往閣口，也將山上生活所需的物資運補上來。

被遺忘的教堂

站在流籠頭稍作休息，眼前是盤踞一方的塔山，立霧溪如利刃般地切割與板塊運動推擠陸塊上升所形成的千萬年峽谷就在腳底，遊客中心也在下方的河階台地上，從這裡可以不同的角度照看這片鬼斧神工的大地。站在這裡俯瞰，覺得方才一切的辛勞都是值得的。左前方被削平露出白色的山頭，便是亞洲水泥的採礦區，裸露的樣子在一片翠綠中顯得特別突兀，像是一個好端端的人頭上長的疔瘡，永久且醜陋的標記。

眼光再往海洋方向延伸出去，便是崇德三角洲，大量的泥沙經立霧溪水從中央山脈長久的沖刷夾帶，終於在海深水闊的太平洋掙得一席之地。開展的扇形土地，讓人的心情也從峽谷中的閉密隨之豁然起來。

由流籠頭前行約十分鐘有一分叉路，往左邊小徑前行即大禮部落的所在地。大禮部落海拔高度九百一十五公尺，早期稱為赫赫斯（Xoxos）部落，意思為「蛇聲」之意。走在蜿蜒的階地邊緣，沿途皆可見種植的玉米等待收成，而廢棄的大禮教堂，小巧卻精緻，配上這片山色恰到好處，只可惜如今荒煙蔓草，早已人去樓空。

卸下勇士的戰袍．步道終點

由分叉路向右邊繼續前行，路面寬闊平緩易走，這是通往大同部落的產業道路，約兩個小時七公里的路程便可抵達大同部落。大同部落海拔高度一千一百二十八公尺，日據時代稱為沙卡丹部落。此地是欲往清水大山的必經之路。部落竹子搭建的屋內，牆上掛著許多山豬的頭骨。以往，這些狩獵的成果會懸掛在自家的屋簷下，以顯示及誇揚自己的狩獵技術。依照太魯閣族人的習俗，抓到山豬後，會用火將毛燒烤乾淨，再與親朋好友分食。

據這裡的原住民朋友說，山上的山豬不少，常會出沒破壞他們種植的農作物，如果不抓牠們，會影響到族人的生計與安全，而抓牠們，卻又得擔著觸犯國家公園法的風險。台灣國家公園與原住民之間的關係始終是一個難解的課題，糾雜著許多歷史、權力以及利益的面向，就像是一堆雜亂的毛線頭，無法單單只從一個層面來做論斷。

爬上最後的鐵梯，來到公路上，結束了這次大禮大同的行程。一條穿梭於山林的步道，在了解之後，彷彿和英勇的太魯閣勇士一同走入古早年代，活靈靈地展現在我們面前。

· 山豬頭骨代表獵藝高超

步步鯨心

險象環生的東海岸挑戰

往清水斷崖看下去，一切都變小了，歷史的視野卻變大了。
從錐麓古道回到中橫公路，彷彿跨越了不同時空，
我回想這兩天走過的路，雖然用途需求不同，但相同的是，
走在前人開闢的道路上，我懂得知足感恩。

第一日

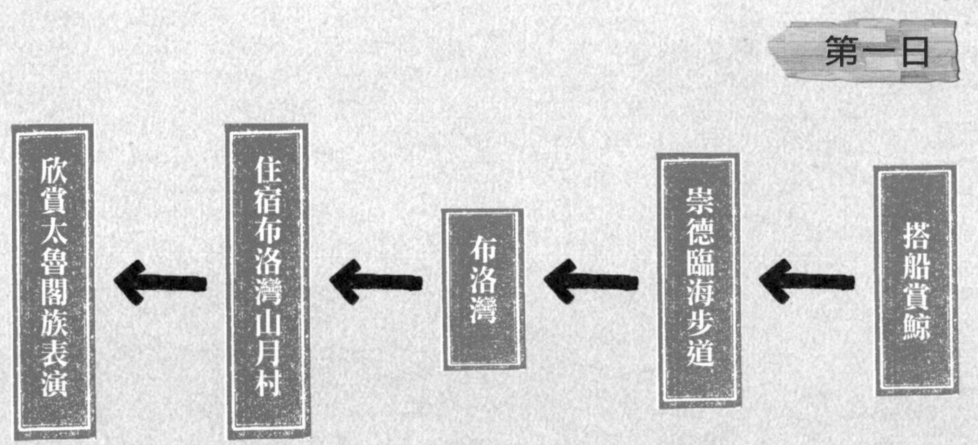

第二日

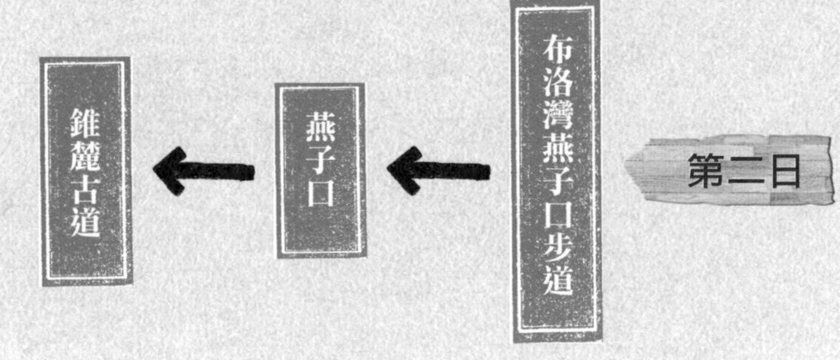

· 清水斷崖

早期進出花蓮只能靠船運，今天來花蓮不用搭船，但卻發展出乘船賞鯨豚的生態旅遊活動。所以我的浪鯨天涯第一站就是從花蓮賞鯨碼頭出發，尋找鯨豚蹤跡，順便一睹從海上回望花蓮的景色。

鯨豚跟人類是親戚，雖然生活在海中，但牠們是哺乳類，不是魚類，所以跟我們一樣需要用肺呼吸，這也成了在茫茫大海上尋找牠們的重要線索。每次出航的搜尋地點都不一樣，但大致上北到清水斷崖，南到鹽寮海域，我在這個海域賞鯨豚多次，只有一次揁龜，可想而知這裡自然資源豐富的程度。

除了欣賞鯨豚悠遊自在的姿勢外，還能在船上看壁立千仞的清水斷崖，或是如月牙造型的七星潭，還是花蓮溪入海口，往南池邐的海岸山脈，雖然現在景觀已和葡萄牙人所見大不相同，但依舊能深深體會脫口說出「福爾摩沙」這句話時的驚豔。

世界級景觀的清水斷崖

清水斷崖位在從和仁至崇德間的蘇花公路上，是台灣八景之一，亦是名聞世界級的景觀。當天氣清朗時，海水湛藍的顏色搭配上裸露的白色大理岩山壁，簡直是美景一幅。在崇德下海步道入口處，是觀賞清水斷崖最佳位置，望著崖下前仆後繼的海浪，捲起千堆白藍色相間的花朵，轟隆的聲響懾人心寧；強勁的海風將澎湃而飛的水氣攜捲上來，舔舔嘴唇盡是鹹鹹的海水味。佇立於此，頗有蘇東坡於《念奴嬌》赤壁懷古的心境：「亂石崩雲，驚濤裂岸，捲起千堆雪。江山如畫，一時多少豪傑。」

這裡的地質上主要是以大理岩與片麻岩為

▲成群的飛旋海豚　▼太平洋是鯨豚的家

主，這些岩石的岩性均是緻密或堅硬而不易崩落，所以能維持陡峭壁立的山壁，加上台灣東部的地殼不斷地快速隆升，進行劇烈的造山運動，形成在短距離內海拔便急速上升的情形。昔日的蘇花古道，今日已成為蘇花公路，蜿蜒在雄偉的斷層海岸之間；而在文獻的記錄上，這也是太魯閣國家公園的道路系統中，最早由官方修築的道路。沿著蘇花公路而行，盡入眼簾的是海天相連的開闊景觀。從以前的照片看來，臨海道路臨崖而建，一伸頭出去就有懸崖峭壁的驚險，而且只能單向通車，後山的交通顯得格外艱辛。

隱沒在地圖中的古老道路

太魯閣山林中交織著古今道路系統，有原住民的獵徑、清領時期的北路、日治時代的合歡越嶺古道及臨海道、戰後的蘇花公路、中橫公路、台電施工道，以及國家公園的健行步道等，其中，有的路早已隨著時空的流轉而隱沒於今日的地圖上，有些還能從保留下來的步道一窺歷史的印證。

約三百年前，住在中央山脈西側，也就是今日南投縣仁愛鄉的泰雅族人，因為部落人口不斷擴增與耕地獵場需求不敷使用，於是率眾翻越中央山脈，移居在東部立霧溪與木瓜溪沿岸，當時這片山地區域中共有大大小小九十七個部落，散居在沿岸的河階地，為今日太魯閣族人的始遷。

部落之間靠著部落間的社路聯繫，這些道路僅容一人行走，卻已是交通要道，這便是合歡越嶺道路的前身。經過幾百年的繁衍，太魯閣已成為這群人在崇山峻嶺中的理想新天地。

時代摧殘後留下的古道路段・錐麓

因為長期不使用，地質不穩定加上缺乏維修，如今被保存下來的也只剩破碎且斷續的段落路段。其中最具歷史性與代表性的一段當屬錐麓古道，也是目前太魯閣國家公園唯一的史蹟保護區。

從燕子口旁的吊橋開始，便是錐麓古道的起點，健行者可以有兩種選擇：一是原路往返，走到錐麓斷崖後折返，全長六・二公里；另一選擇是由吊橋出發，再由荖西溪旁慈母橋的涼亭出來，全程是十二公里，當然也會途經驚險的錐麓斷崖。不管選擇哪種方式，都必須在一個月前跟太魯閣國家公園申請入園許可方能入內。每天的造訪人數也有限制，這可讓大家在沒有過多的干擾情況下好整以暇地欣賞，

・板塊運動的見證者

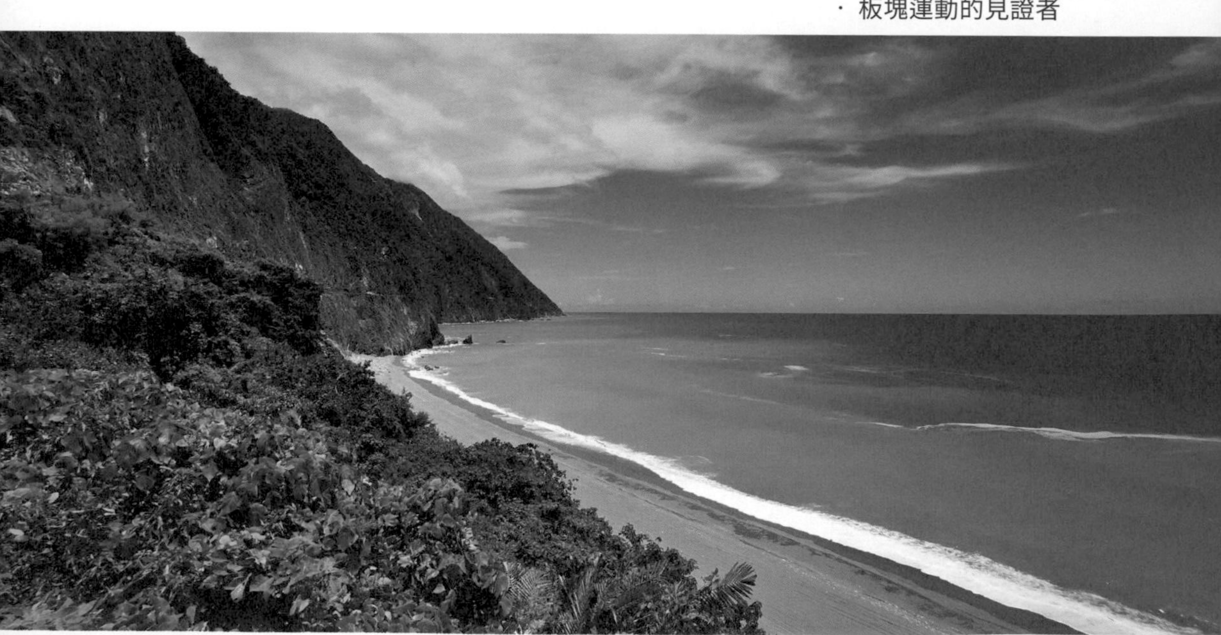

生態與古蹟也得以喘息。

路途並不允許也沒有適合紮營的地方，所以最好一早就入內，放慢腳步欣賞風景，也能細細體會歷史的豐厚感。若從花蓮出發到這裡，還有一小時的車程，所以最好前一晚就住在國家公園境內，那麼就住山月村吧！在第二天挑戰錐麓古道前，絕對可以從這邊得到出發的力量。

出發，走上錐麓古道

一早整裝待發，從山月村到燕子口的步道，剛好作為暖身。走上起點吊橋，感覺自己像隻燕子飛在峽谷正中央，這個角度平常可是見不到的！過了吊橋，便是一公里的陡上坡等著考驗大家，不過並沒有想像的難走。一公里後便會到巴達岡（Badagang），當時在步道上的大部落。在太魯閣族語裡，巴達岡是指「麻竹」，也有突擊戰地的意思，可以看出這裡的植物種類與戰略位置。

從日據時期的舊照片得知，從僅存兩根門柱的大門進入到底便是當時的駐在所，日本警察掌控了古道的所有行往。如今的巴達岡蔓草叢生，原本繁華的台地雖然門柱依舊留存，但已斑駁，雖然依稀看得見建築物基座與駁坎的影子，卻已人事全非。健行者在此整裝休息，腳下雖然踏著的同樣是上百年來不知凡幾的人們曾踏過的路途，不過心情卻肯定大不相同了。和其他在峽谷上建立的部落一樣，巴達岡也是個河階台地，原本立霧溪在此高度流經，因為板塊運動與溪水下切雙重作用力的影響，變成如今的高度。

· 錐麓古道的斷崖

交通不便的後山‧花蓮

花蓮早期因為交通不便，確實成為當政者眼中的後山。不過地理大發現與新航路的開闢，人類進入海權時代，同時又盛傳東方地區有遍地的黃金與香料，使得當時的葡萄牙、西班牙荷蘭等新興海權國家，紛紛派遣船只到此勘探，對遠東地區發展轉販貿易。

自十六世紀中葉以後，遠東地區的海上航運逐漸頻繁，有許多航海路線通過台灣海域附近，當時的葡萄牙船員在經過台灣海面時，從海上遠望台灣，發現台灣島上高山峻嶺，林木蔥綠，甚為美麗，於是高呼「IlhaFormosa！」這句話，即「美麗之島」的意思（Ilha 相當於英文的 island）。

清道光五年（西元一八二五年），淡水富商吳全，從今日宜蘭率領漢人至花蓮溪河口，逆流而上在花蓮溪西岸登陸進行開墾，為了抵禦原住民於是築堡壘防禦，這就是壽豐鄉平和村「吳全城」的由來。從以上描述可以得知，早期進出花蓮只能靠船運。

地‧蘇花公路

蘇花公路的前身，就是清同治年間沈葆楨來台時所修築的北路，直到日據時代，經多次擴修為公路，並於民國二十一年完成和仁至太魯閣段的隧道工程而正式通車，當時稱為「臨海道路」。現在的蘇花公路，經過工程的更新，大多已經開闢隧道，在行車速度及安全上更有保障。

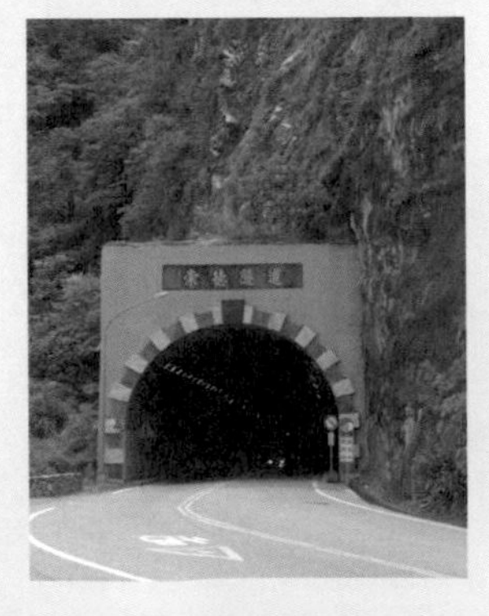

步步驚心的美麗風景

離開巴達岡，又是一連串的上坡，這段坡道在以前被稱為「離緣坂」，據說以前駐在所的警察眷屬，每每來到這裡省親，都由於路途陡峭而心生離婚的念頭。還好只走兩百公尺便是橫越深溪谷的巴達岡二號橋，美麗的風景讓健行者有絕佳的理由藉口在這裡鬼混一陣。說是鬼混，但心早就被大自然征服，躺在橋上任山風吹拂，聽林間不知名鳥兒的啼鳴，真是奢侈的享受。

在這座橋還沒重修好前，當時只有一條細鐵絲確保人身安全，那份驚險猶如走鋼索的藝人，稍有不慎便是萬丈深淵，落得一個粉身碎骨。休息終究有結束，再怎麼樣還是得認命的一步一腳印往上走去。

雖然辛苦但老天爺還是會給你獎勵，首先看到的是岩壁上的白花香青，這裡海拔約七百公尺，竟有高山植物，原來這裡是風口，溫度比同海拔來得低，加上自三角錐山上的植物種子自山頂吹落，就在這裡落地生根，形成特殊的植物景觀。不過最大的獎品還是錐麓斷崖了。凡走過的人都不免懷疑這條路當初是怎樣開鑿的？但舊照片證明以前的日本人可是西裝筆挺地在走這條步道，現在的人走起來卻是戰戰兢兢，如履薄冰。

其實現在走這段路，路旁早已有安全防護，要克服的是心魔，而非地形上的限制。而且在錐麓斷崖路段的一個小隧道中，裡頭還有尊地藏王菩薩，保佑著健行者的安全。

走在這段具有歷史想像與壯闊風景的古道上，以前都是從九曲洞望向這裡，如今改變角度，重新俯視這塊我再熟悉不過的土地。這不只是一條步道，更見證東部的原住民史，從斷崖看下去，峽谷的一切都變小了，歷史的視野卻變大了。

從錐麓古道回到中橫公路，這條被稱為是一條手工雕鑿而成的公路上，彷彿跨越了不同時空，我回想這兩天走過的路，雖然用途需求不同，但相同的是，走在前人開闢的道路上，我懂得知足感恩。

地・巴達岡

日據時期這裡設有蕃童教育所、醫療所與駐在所，到了後期日本人推動次高太魯閣國立公園計畫，更設置了招待所、俱樂部宿泊所，作為玻士岸（富世）和塔比多（天祥）間的休憩處。

· 錐麓吊橋

合歡越嶺道路

西元一八九五年甲午戰爭失敗，清廷將台灣割讓給日本後，寧靜的山谷有了巨大的改變。殖民時代初期，日本人採懷柔安撫政策，但始終不得成效，於是實行已久的撫番政策轉變為討伐。一九一四年（日本大正三年），在第五任台灣總督佐久間左馬太的率領下，進行「太魯閣討伐戰爭」，這是台灣二十世紀最大規模的戰爭。當時族人僅有二千多名壯丁，以傳統武器與二萬餘日軍的新式武器及大砲、毒氣對抗，在激戰兩個多月後終究不敵。

日本人為載運火砲、物資，將原有的合歡越嶺道拓寬成一．五公尺的道路，戰後便成為管理太魯閣人的重要交通要道，兼具警備與產業用途，除在部落內設有駐在所就近看管原住民一舉一動，沿途約每四公里也設有駐在所。

但一九三〇年霧社事件發生後，日本人有計劃地將族人移往平地，使得這條理蕃道路喪失原有功能，而當時民間又興起體驗山岳美景及推動國立公園的風潮，因此總督府重新整修作為大眾建行攬勝之用。時至一九三五年，從南投霧社到花蓮閣口的合歡越嶺道路全線整修完工，給予這條具有歷史意義的道路嶄新的用途與風貌。

民國四十九年中橫公路完工通車，交通運輸全部移轉到這條新公路上，合歡越嶺道路正式走入歷史。

· 好漢坡

合歡山

高嶺之花的頌歌

高山花季總是比山下來得晚，
但來得晚並不代表不會來。
只要春天的訊息如野火燎原般地燃燒開來，
那股勁勢不可小覷。

第一日

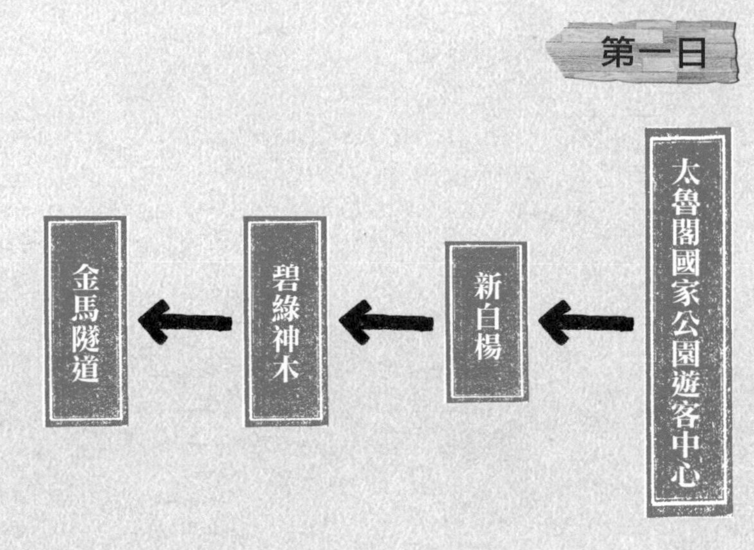
太魯閣國家公園遊客中心
新白楊
碧綠神木
金馬隧道

第二日

第三日

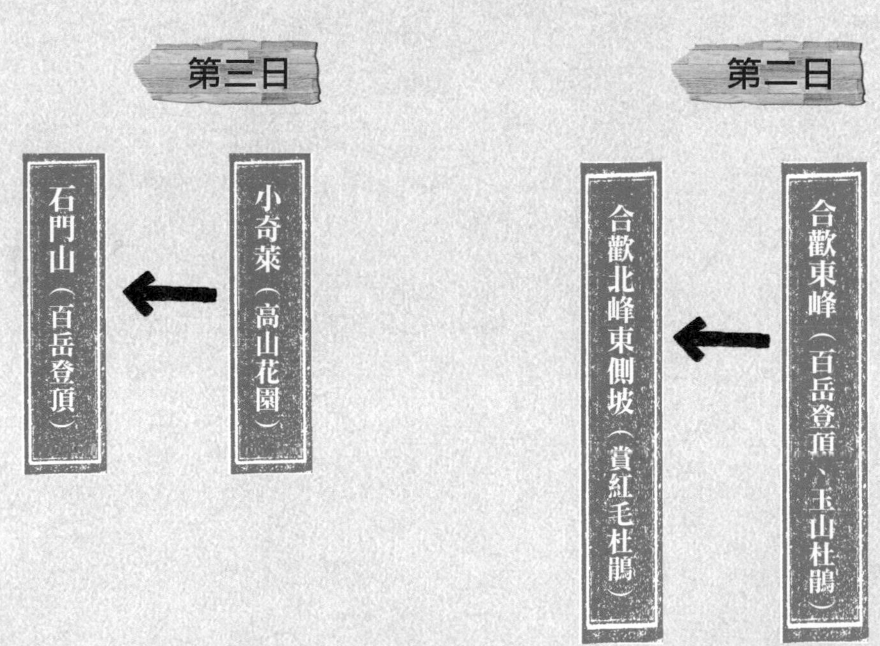
合歡東峰（百岳登頂、玉山杜鵑）
合歡北峰東側坡（賞紅毛杜鵑）
小奇萊（高山花園）
石門山（百岳登頂）

· 高山杜鵑

名片是辨識個人身分地位表徵的工具，如果把這座我們每天生活的島嶼縮小成一張名片，在這張名片上烙印下的肯定是地形的凹凸質感，書寫的無疑是板塊擠壓後的字跡。

台灣百分之七十的面積都是山地，多山不僅是地理特色，也從立體面間接擴大了島國面積，提供了許多休閒遊憩的祕境與去處。我在假日裡的去處，喜歡山更多於海，欣賞山的穩重大器與氣定神閒，靜聽山間林隙傳來集各種聲音於大成的天籟，平常忙碌的心情似乎也就獲得撫慰與平靜。

在五條縱貫南北的山脈中，中央山脈是山中之山，島嶼的脊梁，尤其遊走至台灣中部的合歡群峰，山勢漸達顛峰，是山峰插天的心臟地帶，群山猶如各路英雄好漢相逢在此把酒言歡，也許這是取名「合歡」的另一層涵義吧！

上合歡山多達上百次，許多人問我不會煩嗎？其實合歡山有草原、高山等多樣的景觀，加上在不同季節、不同地點、不同心情、跟不同人觀賞，讓人覺得雖是身在同一處，總有不同感受和美的經驗。就像是看老朋友般，這裡的一山一景、一草一木我都熟悉，一年總要跟它們碰上好幾次面。

走路，才會發現好風景

合歡山山勢看來雖然險峻，但卻是最容易讓人親近的高山，這都要拜中橫公路與霧社支線蜿蜒於此之功，使得相較其他高山區域，交通算是便捷，容易抵達。不過也由於公路可達，很多人只是坐在車裡看風景，就算到過合歡山，而且一下子就到三千公尺的高度，往往產生高山反應，對合歡山的印象也就不好了。

· 法國菊

合歡山絕對不是這樣玩的，應該沿著公路慢慢提升高度，最好找條小徑安步當車，適應一下中低海拔的氣壓，而且走路才會發現美麗的風景。到了海拔約三千兩百公尺的合歡埡口，舉頭望去，鄰近山頭林立，座座拔聳雄偉，放眼盡是三千公尺以上的高山相伴，猛地一吸，清冽的空氣直達肺葉最深處，再加上優美的山勢輪廓，常常令人身處此間而感覺心曠神怡；而俯首低迴，鳥瞰萬壑溪谷，午後自溪底蒸騰翻滾而上的雲霧，又似乎讓人在剎那間有著飄飄然羽化成仙之感。

許多人對合歡山的印象只有冬天時翹首期盼氣象局發布寒流特報，這裡就變成全台灣賞雪的焦點。合歡山區是大甲溪與立霧溪這兩條重要河川的發源地，也是兩條大川的分水嶺，一條往東一條往西，系出同源，卻有截然不同的發展。

當冬季東北季風夾帶豐沛的水氣，分別沿著兩條溪上溯，最後就在合歡山相聚，因此常形成壯闊的雲海，若是剛好碰上氣溫下降，更會因此降下瑞雪，整個合歡山區霎時轉變成一片銀白色世界，成為地處亞熱帶台灣難得的賞雪聖地。

正因為合歡山的海拔高度，克服了因為緯度不足的魔咒，在少見白雪的亞熱帶，所有的人都因為這難得一見如鵝毛的雪花而興奮不已。但我不覺得這是合歡山最美的季節，反倒有點醜，因為人潮一窩蜂的湧入造成環境負荷超量，醜的是人心而不是風景。我喜歡在夏天的時候來到這裡，雖然無雪可賞，但卻有另一番精采等著我。

▲從合歡山看屏風山與奇萊北峰　　▼玉山當歸

盡覽百岳名山，從台灣頭看到台灣尾

合歡山區在太魯閣國家公園境內，設置了許多難易程度不一的步道可供選擇。若不想只是走馬看花，選擇步行在此間四通八達的登山健行山徑上，那麼你會有著更多的發現與想像。合歡山埡口是通往群峰的十字路口，從易而難你可走向二十分鐘便可攻頂的石門山，或是邁往稍有難度的合歡東峰，再不花上兩天兩夜爬上仰之彌高的奇萊北峰，任選一座，都能讓人體會一步一腳印的踏實，抬起頭來感受面對崇山峻嶺的卑微渺小。

登頂時若是天氣晴朗，可以從台灣頭看至台灣尾，這一點也不誇張，中央山脈北邊的南湖大山、中央尖山，南邊的關山、玉山一次看盡，周邊的名山百岳更不在話下。雖然對運動不足的人來說，有時不免氣力用盡，但那份登高望遠、腳踏土地的悸動會長久縈繞心頭，有時竟然也會有癮頭，未嘗不是對自己心志的另一種磨練。人們不遠千里來登山，就像是進行一種儀式，也為了欲窮千里目的快感；在合歡山，登山者也抱著同樣期待，過程中與自己對話，更希望在登到高處後，可以用眼睛撫摸著起伏的台灣屋脊。不過爬山學到更多的是：「當你登上高峰時，反而無法看見那座山的全貌。」所以重要的是過程。

爭奇鬥豔的小花朵們

不過當讚嘆巨觀大山之際，也別忘了低頭看看步道邊的小花草，精細巧緻的形態與生命機制，也能有微觀之樂。高山花季總是比山下來得晚，但來得晚並不代表不會來。只要春天的訊息如野火燎原般地燃燒開來，那股勁勢不可小覷。約從每年的五月中旬開始，一直到八月為止，在這短短的三個多月期間，是高山植物一年當中最重要的繁殖時期。在山上，氣候條件不像低海拔地區那樣優良，可以擁有長時間的溫暖與充足的水分。跟平地比較起來，高山上氣候相對惡劣，不僅日夜溫差大，強烈的日照，更讓水分蒸發速度快得驚人。

但有句台灣俗諺說得好：「一枝草，一點露，天無絕人之路」，在這樣的環境下，高山植物早就各自練就了一身好功夫來因應。如果仔細觀察的話，這些生長在路邊的高山植物花朵並不大，而且植株都算矮小，許多朋友在我帶領之下看到後常常大呼上當，因為和在植物圖鑑上的照片相比實在差很大，光看照片會錯估大小，當然也就容易忽略掉。這些花朵小雖小，但顏色都鮮豔異常，這些色彩就算是在知名畫家的調色盤上，也很難調得如此恰到好處且隨心所欲。

其實高山野花之所以小巧精緻是有其生存上的原因，因為花朵如果太大，不僅消耗能量，強勁的野風，更容易讓植物喪失水分；也利用地形地物遮蔽擋風避雨，長太高反而因此折斷了腰，為了求得生存，才逐漸演化成今日所見的模樣，看來它們也懂得棒打出頭鳥的道理。但為何花朵又特別鮮豔呢？其實高山植物在一生中最重要的任務，就是得好好把握這短短的春暖花開季節，努力繁衍後代族群，而為了讓昆蟲在這麼短的時間內作為傳遞花粉的媒人，高山野花無不爭奇鬥豔，希望能用最豔麗的色彩吸引牠們前來採蜜，進而幫助它們傳花授粉，延續生命。

· 以台灣爲名的台灣百合

事・高山植物之名

你會發現，許多高山植物的名字裡都有「台灣」或「玉山」。台灣意味著它是台灣特有種，只在台灣看得到，特殊的環境造就了特殊的植物；而「玉山」並非只在玉山才能瞧見，而是我們對於高山植物的認識與分類，起源於日據時代的植物學者首先在玉山地區做研究調查，因此多以玉山命名。

▲金翼畫眉　▼最好爬的百岳：石門山

玉山箭竹，最調皮的阻撓者

高山換季率先登場的是滿布在起伏山坡上的玉山箭竹，在數個月來的枯黃之後，它們似乎是在某個夜晚暗中相互串通聯繫好一樣，當第二天太陽出來那一刻，同時從頂端抽出新芽，枯黃的枝莖如雨後春筍般冒出嫩綠，告知人們季節的轉換。

攀高到了武嶺，從這台灣公路最高點放眼望去，綿延迤邐的玉山箭竹草原，像是緩緩的綠浪，輕輕地朝人拍送，也讓人想在草原上翻滾，沾點泥土青草的氣息。別看它們伏貼於地面匍匐生長，就被其外表所欺騙，在中海拔的高度上，長得比人還高的玉山箭竹，可是登山者最大的騷擾，彎著身行走已是痛苦萬分，它還像頑童般不斷開你玩笑，前進走一步，它就拉你退兩步，而且箭竹林下往往不見天日，經常泥濘不堪，一旦看到心中只有暗自叫苦。

高山地區箭竹低矮的原因是因為必須承受漫長冬季白雪覆蓋其上的重量，以及忍受颼颼狂吼不息的冷風，放低身段是自然界中最顛簸不破的生存之道。

高山植物的保濕祕方

接下來幾個月，紅的、紫的、白的、黃的、藍的，各式各樣的顏色，全部洋洋灑灑地恣意揮灑在大地。合歡東峰的玉山杜鵑開滿整座山頭，就算走得氣喘吁吁依舊讓人大呼值得；在前往合歡北峰的山徑上，亦可以看到滿山遍野怒放的紅毛杜鵑，尖尖的葉片上披滿一層細細的紅毛，一叢叢地聚集在一起，像舉著彩球到處奔躍的啦啦隊少女，既搶眼又充滿活力。

· 玉山佛甲草

轉個身、彎下腰來整理鬆開的鞋帶，又突然發現，眼前的花朵瓣片似乎鋪上了一層薄雪，心中不禁暗暗感到納悶，明明是個太陽當空照的好天氣，為何又在此時此刻看到不該在這個季節出現的情景？

待定神一看，才發現原來這些白色的東西並不是雪，而是一層細細的白毛。玉山薄雪草這點倒是與紅毛杜鵑所見相同，不管是紅色的或是白色的，有了這層細毛的保護，都可以防止植物水分的快速佚失，再不然把葉片變成皮革狀的觸感，同樣是為了保水，這些高山植物跟女孩子一樣，都要想盡辦法保濕。

紛葩爛漫的霹靂嬌花

喜歡在岩屑地出現的阿里山龍膽，紫豔花色格外顯眼，從酷似喇叭的花形看來，它肯定

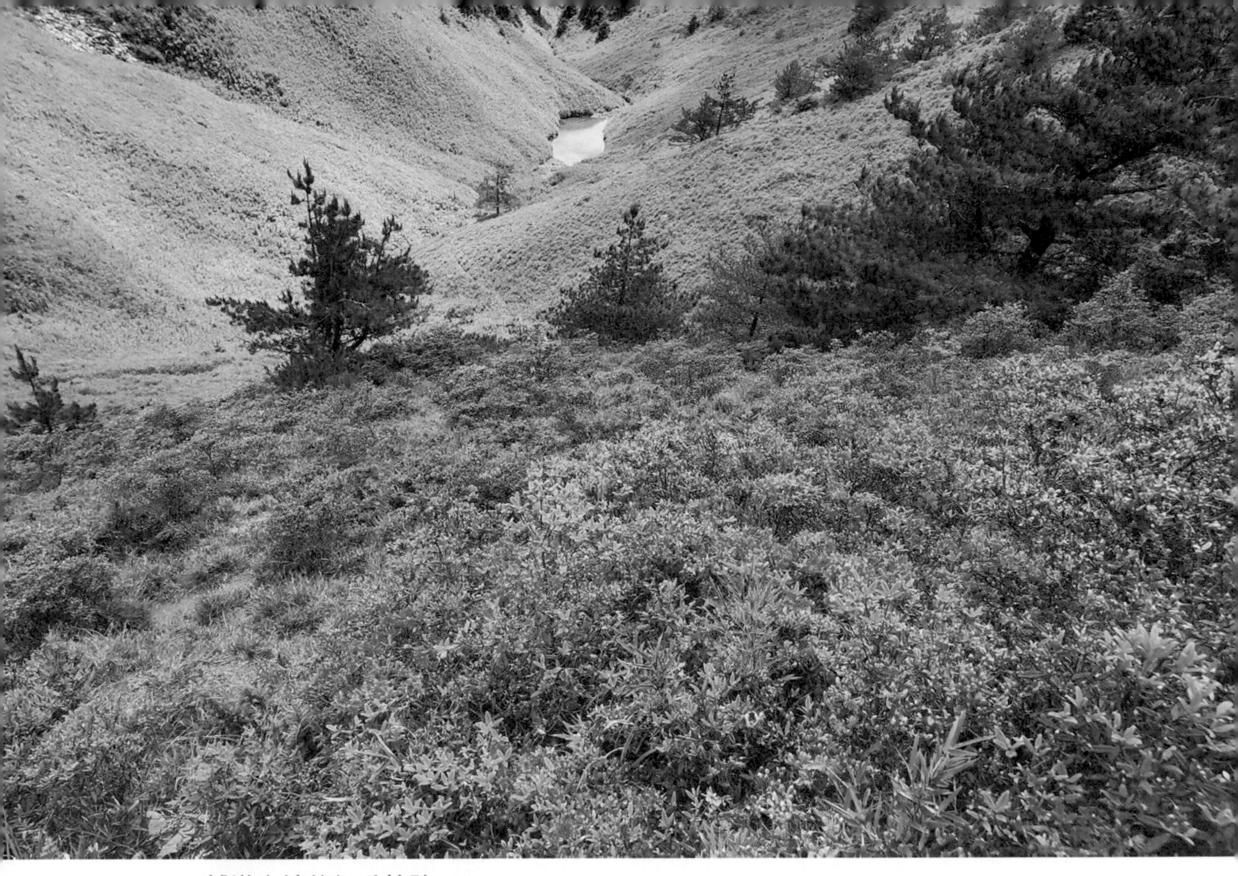

· 鋪滿大地的紅毛杜鵑

也是個放送站，不斷釋放著冬去春來的消息；而同樣是龍膽，玉山龍膽卻是淡黃色的花朵，搭配上黑色的斑點，像是一個天真無邪的雀斑姑娘。淡紫色的玉山沙蔘，花形乍看之下則像是被倒放的龍膽，只不過它天性害羞，只敢低著頭默默喃喃自語。

玉山石竹粉紅色羽絲狀的花瓣，顯得十分輕柔高雅，若不是親眼看見，真不敢相信看起來如此嬌柔的花朵，竟也能在這裡掙出一片天。大部分的高山野花，多半喜歡躲在聚生密集的玉山箭竹草原裡遮風避雨，相較於這些嬌嫩的花朵，一枝黃花就顯得特立獨行，如同它特別的名稱，高挺的它不相信曖曖內含光的道理，偏愛強出頭，在平坦的草原上望去特別鶴立雞群，十分容易辨認。

有些高山植物，自知無法以鮮豔的外表取

· 毛地黃

勝，反而逆向操作，給人另一種感官上的印象。像是高山白珠樹，花朵像串小巧的鈴鐺懸掛在莖上，雖可愛但實在不起眼，不過最特別的是它所結的果實，嘗起來水水脆脆的，更有著如同撒隆巴斯般的味道與清涼，讓人不留下深刻印象也難。玉山懸鉤子橘橙色的聚合果，是夏季山上最好吃的野果之一，它將陽光的能量轉成酸酸甜甜的味道，這是大自然的恩賜饗宴。當你大快朵頤之際，別忘了留一點給山中的飛羽精靈，這也是鳥兒們喜歡的食物，沒想到鳥兒也是懂得門道的美食家呢！

野百合的春天

搶眼的色彩看多了，再看到台灣野百合，那身純白潔淨的素雅，就像清粥小菜般，清淡卻雋永，難怪它永遠是大家最喜歡的野花之一。不僅花色如此，輕飄雅緻的香味也和花色搭配得天衣無縫。一邊輕哼「野百合也有春天」的旋律，一邊望著白雲變換，心情也飛揚了起來。人們多半都喜歡看顏色鮮豔，怒色爭放的花朵，在春夏之際來到合歡山，就像是看一場五彩斑斕的煙火表演，花色都是渾然天成，若單靠人工調色只怕沒有那個準度，不管怎麼看，絕對不會令人失望。只要蹲下來，放棄用巨人睥睨般的眼光看它們，你也會發現它們清新可人的一面，淡淡地散發若有似無的芬芳。

台灣百岳與合歡群峰

合歡山的名稱由來是日據時期第五任總督佐久間左馬太發動討伐太魯閣蕃戰爭，兵分五路攻打立霧溪沿岸的太魯閣族人，最後在合歡山會師，故名「合歡」。當時的前進指揮所就在今日合歡山的國軍寒訓中心。

合歡山是由一連串的山峰所組成，包含了合歡主峰、東峰、西峰、北峰、合歡尖山、石門山及石門北峰等七座山峰，其中除了合歡尖山與石門北峰之外，都是列名在台灣百岳的名單中。

民國六十年代，台灣省山岳協會由林文安、蔡景璋、邢天正、丁同三等登山界四大天王討論定出台灣百岳，從台灣兩百五十八座三千公尺以上的山頭，依高度、山型特徵選出一百座，包括五嶽、三尖、十峻、十崇等具代表性的山峰，成為登山者重要的目標與里程碑。

山・合歡山群的高度	
合歡主峰	3417公尺
合歡東峰	3421公尺
合歡西峰	3145公尺
合歡北峰	3422公尺
合歡尖山	3217公尺
石門山	3237公尺
石門北峰	3278公尺

・盤延在合歡山的中橫公路

高山上的野花們

高山白珠樹

為杜鵑科、白珠樹屬植物，生長在中高海拔山區。葉片細小，呈橢圓形、先端尖銳，有鋸齒。夏天時，會開出白色或略帶粉紅色的小花，結果時像一粒粒粉嫩的珍珠。

玉山金絲桃

為台灣原生種，大多生長在高海拔地區的針葉林與岩屑地。最大的特徵是有5片金黃色的花瓣和細長的金黃色雄蕊花絲。

高山沙蔘

分布海拔3,500～3,900公尺的高海拔地區，根肉質肥大、植株矮小，常群生於高山峰頂的岩原與岩屑地，開紫藍色的花朵，鐘形花冠。

台灣繡線菊

俗名台灣珍珠梅。生長在陽光充足與土壤深厚的高海拔地區。葉片呈長橢圓形或長橢圓狀卵形，開白色花朵，花朵小且密集。

台灣藜蘆

多年生草本植物，花朵呈紫褐或紫紅色，眾多小花集結成圓錐花序排列在花莖上。生長在高海拔山區。

水晶蘭

不是蘭花，也不是蕈類，屬於鹿蹄草科植物。全株不含葉綠素，故不行光合作用，靠腐爛的植物獲得養分；白色透明的葉片為鱗片狀，有時數朵集生。

一枝黃花

別稱野黃菊、山邊半枝香、酒金花等，為菊科一枝黃花屬植物。本品種是一個多型性的種，葉形與花序式有極大變化。花期8～10月，果期10～12月。

玉山石竹

別名玉山瞿麥、低石竹，是石竹科石竹屬的植物。全年開花，但在高山地區花期集中在夏秋二季。

台灣百合

屬多年生的被子植物，花冠呈現六角形喇叭狀，生長高度從10～120公分都有。開花時間平均為每年4～9月。

玉山龍膽

是龍膽科龍膽屬的植物，為台灣特有種。生長於海拔2,300～3,500公尺的山坡地。花冠呈鐘形，顏色為淡黃至黃色，花瓣上具暗黃或褐色斑點。

玉山懸鉤子

為薔薇科懸鉤子屬的植物，是台灣的特有植物。分布於海拔2,500～3,500公尺的地區，常見於高山裸露地以及草地。

阿里山龍膽

是龍膽屬的多年生草本植物，為台灣原生特有種植物。生長在中高海拔以上陽光充足的開闊地、岩屑或森林。花冠呈漏斗形，有粉紅、紫色或深藍色。

建築美學巡禮

舊山線鐵道／找尋一線生機

日式遺跡群／建築的破滅與再生

鐵路山海／經典車站巡禮

小鎮故事多／追憶昔日榮光

部落禮讚／取自自然，用於自然

福

舊山線鐵道

找尋一線生機

舊山線，應該是很多人共同的鐵道回憶。
無論你搭過、沒搭過，記得、不記得，
這條布滿歷史片段的道路，的確值得你一探究竟，
趁著油桐花盛開，踏著五月雪進入過往的記憶隧道吧。

第一日

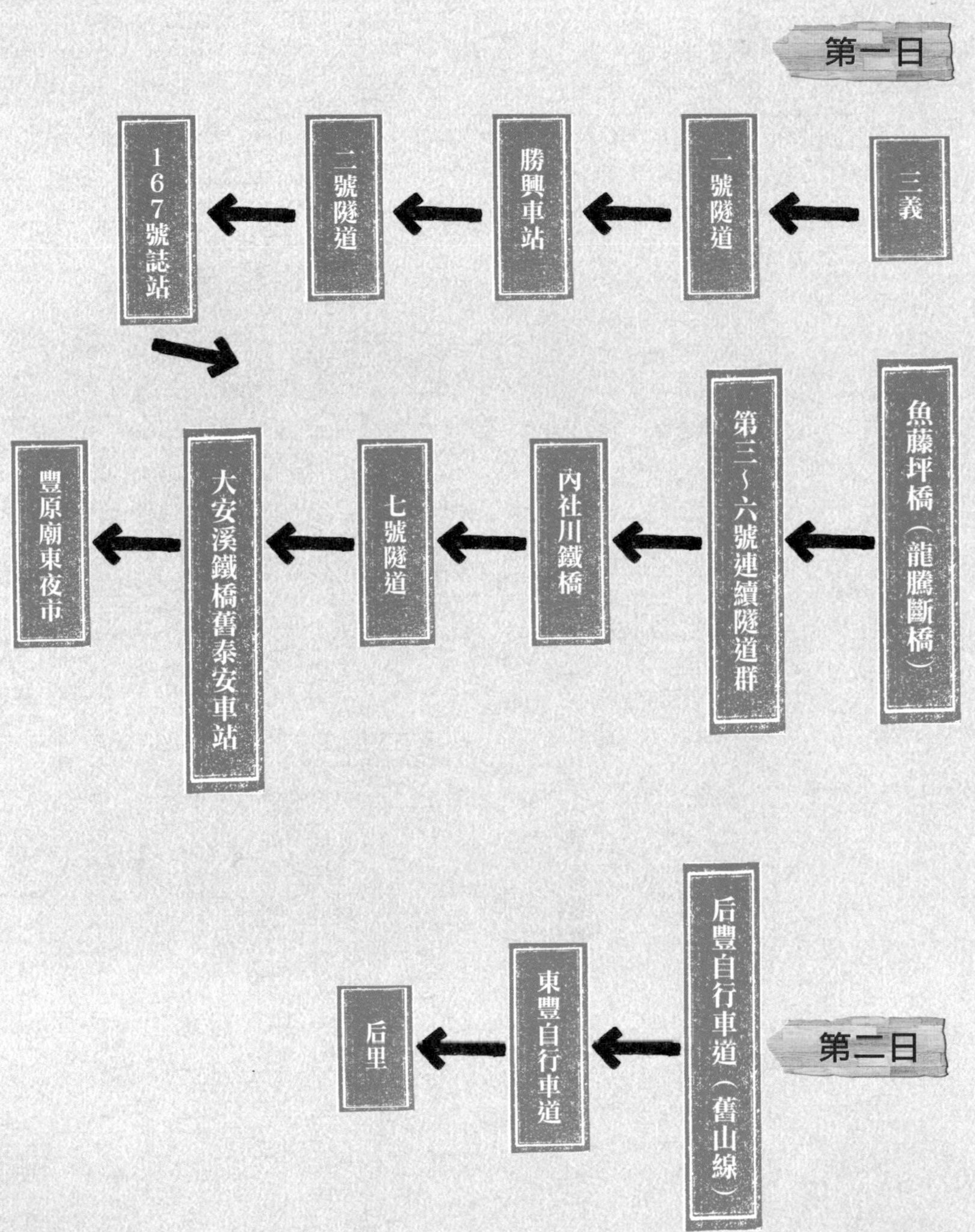
三義
一號隧道
勝興車站
二號隧道
167號誌站
魚藤坪橋（龍騰斷橋）
第三～六號連續隧道群
內社川鐵橋
七號隧道
大安溪鐵橋舊泰安車站
豐原廟東夜市
第二日
后豐自行車道（舊山線）
東豐自行車道
后里

民國八十七年九月二十三日，這是許多鐵道迷不會忘記的日子，因為新山線（也就是現在火車走的路線）截彎取直的工程完成，火車自此改線，告別了行駛九十年的舊路線。

晚上當次的平快南下列車通過後，從苗栗三義到台中后里的舊山線從此走入歷史，駛進許多人的記憶隧道裡。火車雖然不再走，但這條鐵路被保存至今，不應該只是被埋沒在荒煙蔓草中。我一直認為，走路是欣賞風景的最好方法，我用雙腳代替火車車輪，沿著這條鐵路走下去，也走進一段對於火車的故事探索。

故事從舊山線的起點三義出發，舊名「三叉河」的三義，乃是因為打哪叭溪、打木溪及龜仔山旁的無名旱河，在此匯集成為三叉狀分流，後來在改名時，因為「叉」字與「義」字簡寫雷同，又能與當時時代背景強調忠孝節義的桃園三結義故事結合，因此得名。

苗栗三義以木雕聞名，創作用的木頭多半以樟樹為主，這股天然的清香綿延近一世紀，到現在依舊是三義的特色。而在早期樟樹除了作為木雕外，還能提煉樟腦，是日據時期的重要輸出品之一。在三義火車站附近的水美街上，還能看到這兩樣的特產，述說著舊時三義的精華歲月。

出發，從三義車站開始

三義也是台灣南北氣候的分界點，如果你和我一樣留意的話，不管開車或坐火車，在夏冬兩季行經三義，迎接你的通常是多霧的天氣，也是因為這樣的氣候，才使得樟樹茂盛。我通常會選擇在五月初來到這裡，除了憑弔舊山線的歷史外，目的還有一個，就是順道欣賞

地・打哪叭溪

打哪叭溪名稱的由來為「鈸」，但不知是原住民語或客家話，由於早期兩者互爭地盤，兩者以溪為界，遇到原住民出草，漢人便拿鈸猛敲示警，故此得名。

事・魚藤坪橋？龍騰斷橋？

魚藤是一種植物，其搓揉出的汁液可讓魚類暫時麻痺，方便人類捕捉。相傳先民開墾初時，有個鯉魚精長久在此危害鄉里，因此為了制服鯉魚精，遂在山區遍植魚藤，同時又將東面的高山稱為關刀山，用意是藉關刀山斬魚藤，以毒殺鯉魚精，最後魚怪果然不再危害，居民從此安居樂業。至台灣光復設村後，村民認為「魚藤」不雅而將此地改名為龍騰。所以不管龍騰斷橋也好，魚藤坪橋也好，指的都是同一座鐵路橋。

・龍騰斷橋

・勝興車站地標

五月雪的油桐花。我從三義車站出發，沿著廢棄的鐵道前行，沒有遮蔽的鐵道在烈日當空下走來有些辛苦，但鐵道沿途兩旁，已被整理出一畦畦的小菜園，倒也有一番鄉村野趣。如果想要偷懶，假日的時候在三義車站前會有公車到勝興車站，可以節省這一段的體力。

以前的舊山線鐵路經過了兩個車站、四座橋梁、九個隧道，在當年都是浩大的工程，也留下許多鐵路建築的工藝。因此路線雖然短短的，但卻是最能體會出開路的困難與辛苦。一號隧道過後便是勝興車站，而走隧道最大的樂趣在於：不論外頭天氣再悶熱，只要一進來，彷彿是開了天然的冷氣，全身沁心涼。一號隧道是目前九座隧道中保存比例最完整的一座，因為舊山線在西元一九三五年歷經了台中州關刀山大地震，隧道路線都經過重修，而這座隧

地・勝興車站

勝興，舊名「十六份」，這個舊地名大大地寫在月台旁的斜坡上，這是台灣常見的地名類型，先民集資合股拓墾荒地，就以合股的份數作為地名，當時客家先民來到這裡拓墾，共十六股，亦設有十六座樟腦寮，在鐵路還沒建好之前，交通相當的不方便。今日車站兩旁依舊高低錯落著房舍、販厝及餐廳，一如以往的面貌

大安溪鐵橋的對稱工藝

道受損較小，因此都留存了以紅磚砌築成的內部牆拱。

繁榮的象徵・勝興車站

火車來了之後，山上的這個小村子漸漸繁榮了起來，勝興雖然是個小車站，但卻是舊山線上下行列車交會的重要關卡，經常出現三列火車同時擠在站內的情形。

不論是貨車還是客車，有人來就是錢潮，賣便當的賣零嘴的也為小村落帶來了額外的收入。從勝興車站進出的貨物包羅萬象，進來的有糖、米、鹽等生活用品，輸出的更多，甚至遠至大湖、卓蘭的物資都到這裡轉運，包括了木炭、木材、香茅、柑橘、桃李等物產。

鐵路雖然是給火車走的，但這條路卻也幫居民打通了一條最便捷的通道，每個老居民都有走鐵路的經驗，不過在日據時期嚴禁通行，被捉到是要罰錢的，沒錢的就得打屁股；光復後禁令取消，為了節省時間大家紛紛鋌而走險，當時的居民對火車的時刻記得相當清楚，以便避開。而根據耆老回憶，只要聽火車行駛的聲音，就知道這列車到底爬不爬得上來，往往起來刷牙洗臉再來搭火車都還來得及。

勝興車站是以往台鐵路線的最高點，站內依舊豎立著「台灣鐵路最高點」、「海拔四〇二・三二六公尺」的紀念碑。

而勝興車站位在關刀山下，被九座形似虎頭的山頭包圍，因此木製的站房在柱頭上特別設計了八卦和尖矛等造型，屋簷飾板也做成鋸齒狀以鎮站避邪。現在的車站雖不再停靠列車，但特殊設計與豐富的鐵道內涵，卻成為著名的鐵道文化景點，每到假日，遊客總會將車

・大安溪鐵橋

站的熱鬧氣氛再現。

龍騰斷橋・鐵路中的藝術極品

繼續往南行去，二號隧道最大的特徵便是入口處的「開天」字跡，為西元一八九八至一九〇六年，任台灣總督府民政長官的後藤新平親題，也看得出當時築路人的雄心壯志與工程難度。

而與勝興車站連成一氣的景點是舊魚藤坪橋，又稱龍騰斷橋，是舊山線地標，被喻為「台灣鐵路藝術極品」，由磚拱、鋼梁、鋼桁架所組成，紅磚造型的橋墩，是以糯米為黏著劑搭建而成的，完全以拱形來支撐重量，沒有用鋼筋，在一九三五年台中州大地震時震毀，留下了一座座橋墩，供人遙想當年蒸氣火車從上面呼嘯而過的氣勢。廢棄的橋墩上盤根錯節的樹根，讓我聯想起在吳哥窟看到的塔普倫神廟，人類說什麼人定勝天，其實自然的力量才是最大的。

繞過新魚藤坪橋後，緊接而來的是第三、四、五、六號的連續隧道群，伴隨著午後陽光灑下，一明一暗的景色也讓人流連駐足，舉起相機一拍再拍，這裡也告別了喧鬧的觀光人潮，寧靜地只剩蟬鳴與微風吹拂過的聲響。內社川鐵橋銜接六號與七號隧道，橫跨在鯉魚潭水庫上。走在上頭不敢嘻笑，眼神也只能注視前方，因為下方湖水波光粼粼，一個閃神似乎就能讓人目眩頭昏，腳軟了一半。許多人戲稱這是勇闖毒龍潭，不過害怕歸害怕，都已經走到這裡了，有懼高症的人也只好硬著頭皮在大家的協助下順利通過，這是挑戰自己的最好方式。

地・大安溪鐵橋

大安溪鐵橋，於西元一九〇八年竣工的鐵橋，橋上留有民國五十二年抽換鋼梁的紀錄，以承載當時更重、更高速及更多班次的列車通過。

舊山線最艱鉅的路段

說老實話，以前對舊山線印象沒那麼深刻，可能坐車到這裡時多半都在睡覺吧！縱貫線從西元一九八〇年全線通車後，至今早已超過一百年。日本人修築縱貫線，採行南北同時施工，分段通車，最後在中部連結的策略，其中施工最困難的，就是舊山線鐵路。

因為從這裡開始，沉重的火車要爬坡，著實吃足苦頭，整列加起來超過百噸的火車，要靠火車頭的動力爬上坡道，看起來簡單，但實際上可是繁重的任務，因為火車車輪並沒有抓地力強的輪胎，光滑的輪子與鐵軌幾乎沒有摩擦力，載重過重或是力道不足，都得倒退嚕加足馬力後或是再補一個車頭幫忙，才能順利抵達縱貫線的最高點：勝興車站。對現在的汽車

而言，根本就是如履平地，但對輪子光滑的火車來說，坡度超過千分之廿五，也就是每行駛一公里，海拔上升二十五公尺，是極為艱鉅的挑戰。

舊山線自一九〇八年興建完成後，一直使用到西元一九九八年，歷經了蒸氣時期與電氣化時期，日本人興建時，隧道的高度沒有考量到電氣化的需求，因此在鐵路電氣化的工程中，電路線的設立在隧道無法提高的情況下，只好往下掘低，雖然是削足適履，但終究也是解決了難題。

· 勝興車站

・舊泰安站

最長的隧道，最美的景色

稍作休息，打開手電筒就要通過這條最長的七號隧道，北口一樣有後藤新平題的「巨靈讓工」，南口則是兒玉源太郎總督題的「一氣通」，裡面伸手不見五指，原來它並非筆直的隧道，而是在山中轉了個彎，也因為全然的黑暗，隧道裡頭已經成為生態樂園，拿手電筒照一下牆壁，很容易就能發現許多的蝙蝠。

等到不知不覺轉了彎，洞口的光亮像是天國的門，待出了洞口，氣勢磅礴的大安溪鐵橋就在眼前出現。而腳下的大安溪，更是台灣氣候地理上的重要分界線，常常火車在大安溪以北是濃霧繚繞、斜風細雨，但一到這裡，不僅視野豁然開朗，天氣也馬上轉為光明溫暖。讓人感受到小小台灣亦有如此大的氣候差距。一般人常常會以自家門口的天氣來擴大解釋全台灣的天氣，台北下雨不代表全台灣都下雨，我在台灣各地跑久了，更能明顯體會各地氣候的差異。

抵達這裡的時間最好安排在傍晚，因為站在鐵橋上遙望落日夕陽，搭配腳下的大安溪床，頗有蕭瑟的美感。再沿著鐵軌往前走大概六百公尺，就是今日的終點了。舊泰安站目前被規劃成台中市鐵道文化園區的重要資產。進入舊泰安站，月台上的棚柱都是由鐵軌做成，上面還清楚標有總督府鐵道部標誌和西元一九〇五年出廠的記號。

一九三五年的地震，不僅造成嚴重傷亡，也使得舊山線鐵路遭受巨創，今日所見的舊泰安站就是在地震後重建的，車站旁尚有一座紀念碑，見證這段歷史。來到這裡，遊人都不免要試試自己的平衡感，走上一段鐵軌，鐵軌雖然是平行不相交，但情侶手牽手來走，感情立即升溫。

鐵定值得的三鐵之旅

走完第一天的鐵道，對於第二天的續集就沒什麼好怕的。因為舊山線的後段已改為自行車道，在九號隧道與大甲溪鐵橋上，取而代之的，是一台台的自行車，不過隧道北口後藤新平的「潛行不窒」，南口佐久間左馬太總督的「氣象雄深」，仍為氣勢磅礡的舊山線下了最好的註腳。

由舊山線改建的后豐自行車道，算是我騎過最舒適的自行車道之一，沿途也有許多的休憩涼亭，更重要的是這一條真的是「自行車」道，因為很多自行車道設計上先天失調，再加上許多沒有公德心的人騎機車在車道上，常常名不符實。後段的東豐自行車道則是由原本的東勢線鐵路改建，保留了月台與九二一地震後扭曲的鐵軌，沿路有綠意盎然的樹蔭，騎乘起來更是寫意。

舊山線鐵路有太多的故事，這裡看盡了台灣鐵路的歷史，在這強調速度效率的年代，走一趟舊山線景點，便能夠重拾起對於以往美好時光的回憶。更重要的這是三鐵之旅：鐵道、鐵馬、回去一定鐵腿，但是值得。

・電聯車停靠月台

日式遺跡群

建築的破滅與再生

看著文物館內的舊照片與各式文物，
依稀可以體會那段物資缺乏，但人情溫暖彼此扶持的年代。
在這些斑駁頹傾或是重新整修有了新生命的建築身上，
我們跨越時空參與了歷史，看到了人類的智慧與人性的軟弱。

第一日

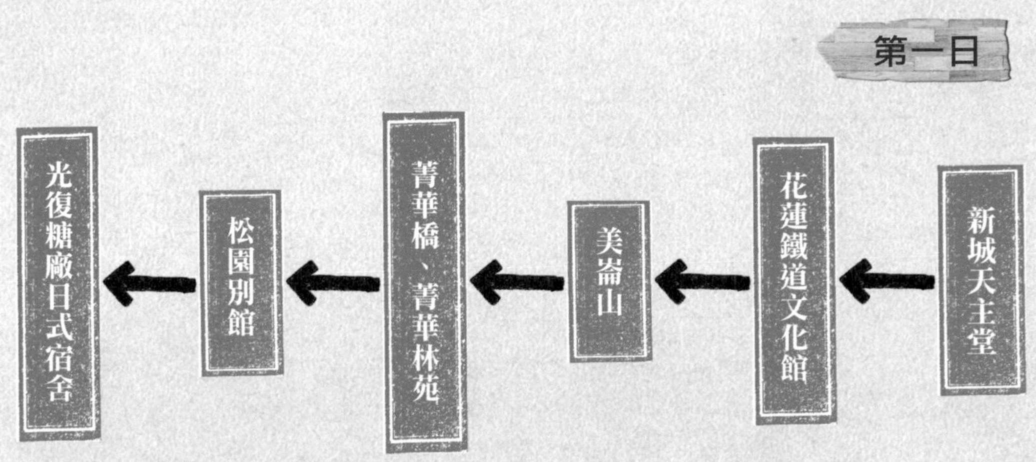

第二日

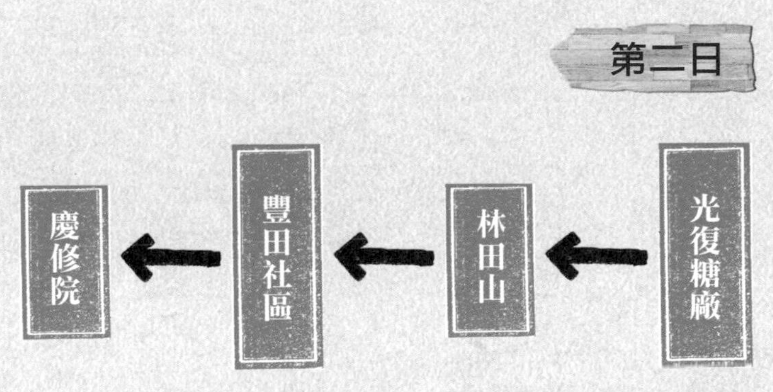

台灣的文化之所以百花齊放，跟歷史上更迭不斷的政權有很大關係。從西班牙、荷蘭、明鄭、清朝、日本、美國等等不同政權或文化的影響，都多少在這裡留下交融過後的痕跡。但隨著不同政權的演替，所留下的憑證也不多，因為每個新的政權取得之後，都急於把之前政權所留下的點點滴滴，從無形的記憶到有形的建築，欲除之而後快，所以有人說，台灣是個沒有集體記憶的地方。

儘管有人不同意、也有人跟日本有不共戴天之仇，但對於台灣近代制度、文化乃至生活習慣上，日本的影響力絕對遠遠超過其他政權，這也是不可否認的事實，歷史就是歷史，但要如何評斷是非功過，就取決於人心各一把尺以及剖析的角度了。

對我來說，沒有親身經歷過日據時期（請不要懷疑，我沒那麼老），但是對於歷史總是懷舊的我，對那個時代抱持著濃厚的興趣，因此從遺留下來的建築或物品上去追想，是我了解的最好方式。要想看到日式舊建築遺留比較多的地方，其實要到位於東部的洄瀾——也就是花蓮去尋找。

為什麼花蓮比較多呢？其實是因為此地少了像西部那樣的開發——新穎房舍不斷取代歷史建築，在利益權衡下，往往放棄的都是歷史記憶。但花蓮保存的有比較好嗎？其實也未必。當然，不能一概抹煞有關單位的積極作為，但確實還有很多建築或遺跡卡在各單位的協調或利益糾葛下，持續在風雨飄搖中苟延殘存。

日本神社vs.天主教堂

我的洄瀾日式遺跡之旅從新城開始，位於

· 天主教堂如諾亞方舟

地．洄瀾

花蓮古地名為「洄瀾」，據說早期由宜蘭至花蓮拓墾的漢人因為看見奔流的花蓮溪溪水注入太平洋時，兩相激盪，形成迴旋巨浪，遂以此名相稱，在花蓮港還沒興建前，這片灘地也是小船從大船接駁物資上岸的地方，從花蓮市區的南濱公園往南看去即可見到。

・慶修院

· 天主堂大門是以前的鳥居門

此地的新城天主堂有濃濃日式風格，建築規模依舊鮮明，處處都有日本神社的影子。

探訪神社遺跡，從排列呈L型的三座鳥居門開始，第一座鳥居少了兩翼，乃是民國六十八年中日斷交時被鄉公所鋸斷；第二座及第三座鳥居則多了兩側的柱子，乃是當年天主堂神父唯恐鳥居被拆除所做的掩飾，才得以保存至今。現在看來，實在有點阿Q，但從結果論來看，是當時不得不的變通做法。

進入第二座鳥居門就是神社參道，兩旁石燈籠已經換新，也夾雜舊時的洗石子石燈籠，續走到底，階梯前尚留一對守護靈獸，是日式神社常見的狛犬。進入第三道鳥居就可看到神社基座，如今改為聖母亭，左手邊的涼亭是昔日的手水舍，進入神社參拜前，必須在這裡洗淨雙手及身心，而整顆花崗岩鑿刻的水池，如今被置放在教堂內，成為教徒眼中的聖水。不同宗教皆賦予它洗滌身心靈的崇高意義，這也算得上是各個宗教殊途同歸的目標。

豎立的紀念碑不顯眼地擺在花園一角，碑石正面刻著「殉難將士瘞骨碑」，背後官兵的名字已模糊，他們遠渡重洋來到台灣，大概也料想不到自己身後竟然是在他鄉，暫且拋開他們侵略者的角色，從人性角度來看，還是非常傷感的一件事。

來自西方的天主堂與東方的日本神社並存於一個空間中，記錄的是日本軍的血、太魯閣族人的恨，還有天主教的包容，以及神父保存歷史紀念物的先進觀念。

移民到台灣的日本村莊

從西元一九一一年開始，日本陸續在花蓮建立吉野（位於花蓮縣吉安鄉）、豐田（位於花蓮縣壽豐鄉）、林田（位於花蓮縣鳳林鎮）移民村。政息物失，目前保存比較完整的移民村只剩豐田社區，只有在此才能找到當時生活與規劃的蛛絲馬跡。

豐田社區雖然小，但裡面道路設計成棋盤狀，每戶人家的土地一望即知是經過規劃的方形。當時村內有提供農業及家政技術指導的移民指導所、維護治安的駐在所以及醫療服務的醫療所，更有信仰的寄託。如今的碧蓮寺就是昔日的豐田神社，建築雖然物換星移，但碧蓮寺前延伸的參拜道上依舊可見鳥居門、石燈籠、石狛等神社遺址，而廟埕前矗立的「建村三十年」——當時台灣總督題字的紀念碑，都依舊繼續見證著過往這段歷史。

而吉野移民村因為接近花蓮市，所以舊址

· 四國遍路 88 番所佛像

早已消失改成新建樓房，唯一留下的是花蓮縣定的古蹟：慶修院。吉野移民村的移民多是日本四國吉野川沿岸來的，除了以故鄉來命名移民村外，更是為了安定遠渡重洋開墾思念故鄉的心靈依託，籌建屬日本真言宗高野派的「吉野布教所」，就是現今的「慶修院」。以往許多移民會到此膜拜唸誦咒文，我喜歡無所為，只是坐在木造主殿前的玄關上，莊嚴安詳的氣氛也足以讓人身心放鬆，嬝嬝傳來的梵音，更讓人頓入冥想世界。

得來不易的鐵道文化園區

除了從本土持續移民，日本人也加強在地建設，但建設的主要目的不是改善生活，而是為了方便從殖民地掠奪各項資源的開採與運送，像是西元一九〇九年開始，到一九二六年全線通車的花東線鐵路。現今位於花蓮市中山路底的花蓮鐵道文化園區內的鐵道部花蓮港出張所，就是當時掌管花東鐵路的神經中樞，整體建築風格屬四合院形制之日式辦公廳舍，正廳屋頂為洋式尖塔造形。在台灣光復後，廳舍成為台灣鐵路管理局花蓮管理處，一旁就是舊花蓮車站，是花蓮最熱鬧的區域，但隨著新站建好，舊站拆除，民國七十七年花蓮管理處被裁撤之後，這裡就不復往日榮景。

在花蓮縣文化局的努力下，這裡被列為歷史建築，重新整修後，以嶄新卻又保存了原本建築精神的面貌重現。內部陳設豐富，也有東部鐵路特有的相關資料與物品，都是許多人主動捐獻或四處搜尋的辛苦成果。批評哪裡做不好也許很容易，但更重要的是just do it，只要有做，就有希望。在台灣做文化保存本來就

地・慶修院

這是座保存完整的日式寺院。庭院內有座「光明真言百萬遍」字樣的石碑，以往許多移民病患到此膜拜求神明袪除病厄，順時針方向繞走石碑祈福，並唸密宗佛號「嗡嘛呢叭咪吽」或真言宗咒文「南無大師遍照金剛」一百零八遍，據說病人往往能因而痊癒。

不容易，一夕摧毀的東西，又怎能奢望一日間重現原貌，我們要給這些默默出力的人士多一點掌聲，因為有了他們，我們才能睹物思情，搭上時光隧道的列車。

時髦的智慧型洋房建築

鄰近的菁華林苑，落成於西元一九一九年（日本大正八年），是日據時期花蓮殖產局營林所的東部出張所，主要負責造林任務，相當於現在的林務局。這幢仿文藝復興時期洋房形式的建築，對稱的拱門圓弧及柱面裝飾，顯得簡單俐落，卻不失現代及高貴之感，在當年是相當摩登的洋房式建築，從菁華林苑的建築設計也可以看出花蓮所處的自然環境，加高的門檻是避免淹水，而為了避免颱風來臨時首當其衝的屋簷，屋簷下特意留出一孔孔的通風口，

· 美崙溪畔的日式建築

不僅預防颱風可能帶來的災害，在炎熱的夏天裡更是保持室內通風的好方法，在在都流露出建築設計的智慧。

而站在菁華林苑的門口，可以清楚地遙望隔著美崙溪的松園別館，但說也奇怪，只要一離開門口，任憑從哪一個角度都無法瞥見松園別館，據說這是因為當時松園別館是作為軍事機密重地之用，為了方便從菁華林苑監看，以便發生緊急狀況時就近支援而特別設計的。一旁的菁華橋當年是吊橋，北接自來水廠及松園別館，南連菁華林苑，是重要的交通孔道，下方的美崙溪還能泛舟賞景。如今已改建為紅色橋梁，且禁止汽車通行。

· 菁華林苑

「新城」這地方

新城的地名由來，跟漢人開拓有關，清嘉慶年間淡水廳人吳全從蘇澳搭船在花蓮登陸的第一站就是來到這裡，為了防禦原住民的侵擾，乃修築堡壘，取名「新城」。爾後不論在羅大春開闢北路蘇花古道或是在日據時期，新城都是重要的駐守點，因為這裡是進出太魯閣及蘇花臨海道的必經交通樞紐。

西元一八九六年，日本據台第二年，當時駐守新城的日本士兵，姦辱了一名太魯閣族少女，引發附近部落族人的不滿，最後聯手將新城分遣隊共十三人全數殺害作為報復，這是原住民抗日史上著名的「新城事件」。這十三名日軍官兵雖然犧牲，但也開啟了日本人要達成其理蕃政策制定的決心。

直到一九一四年當時總督佐久間左馬太發動「太魯閣討伐軍事行動」，正式行使對太魯閣族的治權後，便在今日新城天主堂的位置建造簡單的紀念碑以為新城事件紀念，之後又在一九三七年改興建神社，光復後改為天主堂，但仍有濃濃日式風格，處處都是日本神社的影子。

・新城日式建築

保存在建築中的歲月故事

建於西元一九四三年日據晚期，建在美崙山上的松園別館，拱廊及園內挺立的琉球松為其特色。優美的樹形切割了藍天，呈現抽象畫的不規則美感。而陽光像金粉般透過松針的篩落，稀稀疏疏地灑了下來。走在其間，彷彿走進了時光隧道，很容易讓人重新回憶起這裡曾經發生過的人事物。此地當初為日軍兵事部辦公室，居高可俯瞰花蓮港及太平洋，如今搖身一變為市民藝文活動的重要據點。站在這個制高點，可以了解當時日本人的用意，港口、醫院、車站、官舍都在周邊，形成完善的生活圈。美崙山的另一邊是前身為花蓮港廳神社的忠烈祠，尚志橋連接的筆直林森路，是當年鋪滿碎石的神社參道，鳥居門早就不知去向。而接近百年歷史，沒有爭議的瓊崖海棠，在明禮路上拱出一條綠色隧道，乃為一九〇八年紀念花蓮港醫院（今花蓮醫院）落成而栽種，是花蓮市最美的一景，也算得上是國寶級路樹。

看著文物館內的舊照片與各式文物，雖然沒有經歷那樣的時光，但依稀可以體會那段物資缺乏，但人情溫暖彼此扶持的年代。歷史不能被遺忘，而歷史走過也必留下痕跡，在這些斑駁頹傾或是重新整修有了新生命的建築身上，我們跨越時空參與了歷史，更從歷史裡看到了人類的智慧與人性的軟弱。花蓮是個好地方，不只是山，也不只是海，更因為有了這些歲月的故事與遺跡，最美的風景中曾經發生過的那些人那些事。

被鐵道圍繞著的小山城・林田山

花蓮真正珍貴的樹種在山上，日本人也知道這一點，在日據時代晚期因為二次大戰的影響，選擇了東台灣被稱為摩里沙卡的林田山，意思是布滿森林的山坡，以雲杉與鐵杉做造紙原料，伐木的高峰期，中央山脈七彩湖以東的作業區內有五座索道，近六十公里的森林鐵道，共有二千多人居住在這獨特的小山城。

白天辛苦的工作，晚上在日式檜木房舍前話家常，或是攜家帶眷到中山堂看一週播放二到三次的免費電影，這可是村內的大事，還會吸引遠從鳳林、光復慕名而來的人群，是當時員工的福利之一。

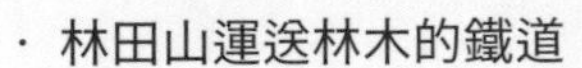

・林田山運送林木的鐵道

經典車站巡禮

鐵路山海

搭火車旅行是我喜歡的選項之一。
隨著車門的開合，看到的就是不同的故事，
也許不見得清楚來龍去脈，
但依據每個人的穿著和神情，
都能在心中描繪出不同的腳本。

第一日

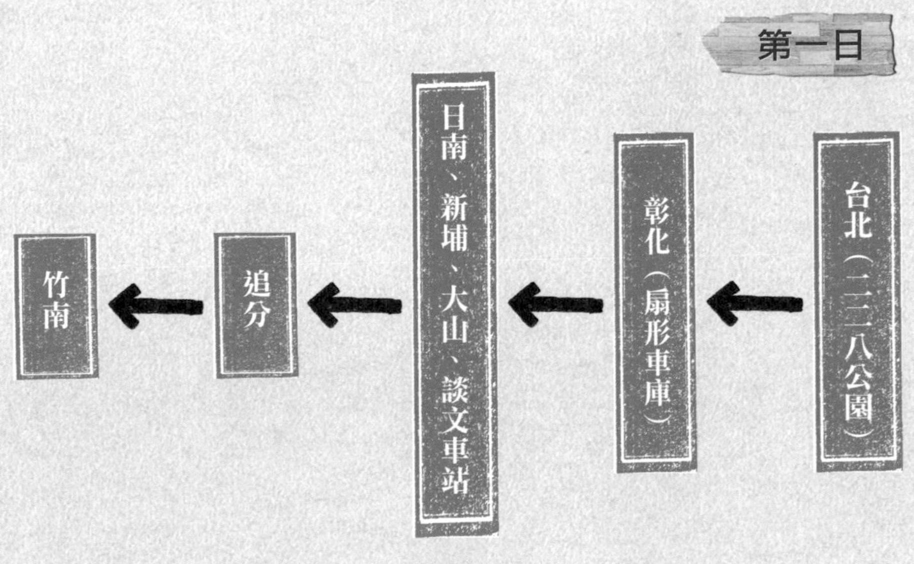
台北（二二八公園）
彰化（扇形車庫）
日南、新埔、大山、談文車站
追分
竹南

第二日

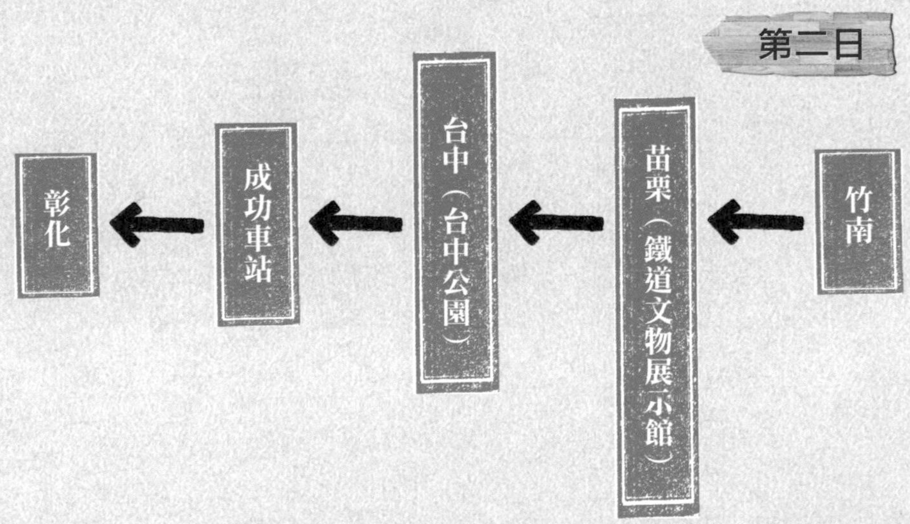
竹南
苗栗（鐵道文物展示館）
台中（台中公園）
成功車站
彰化

在台灣人的成長經驗裡，坐火車絕對是不可或缺的一塊吧！不管是返鄉、打拚、當兵，一節節的火車裝載了大家的共同回憶。對我來說，小時候坐火車是一種期待，這代表了引頸期待的寒暑假正式到來，因為住在高雄的我，每年寒暑假都會回基隆外公家，剛好是縱貫線從頭坐到尾。

許多人坐火車總在假寐或小憩，但我總是趴在車窗上，睜大雙眼瀏覽風景，深怕錯過什麼精采畫面。長大後坐火車卻俗事纏身，追求速度，雖然速度縮短了地理上的距離，卻使我們與美好事物漸行漸遠。想要再重溫兒時舊夢，我了解首先速度得先放慢。

坐上區間車其實是火車旅行最好的選擇。想了解台灣鐵道的長長歷史，就坐著慢車在縱貫線的山線和海線間遊蕩吧！其實最令我懷念的是以前沒有冷氣的藍皮普通車，不過大家嫌夏天太熱沒有空調，隨著服務品質的提高，西部縱貫線上早已難容它的身影。

搭上火車，描繪自己的故事

綜觀所有的交通工具，火車非常不一樣，同時也是我的最愛，因為它不只僅是提供往來方便的載具而已，更承載了許多人的悲歡離合，在這個場景所發生的故事，不僅火車而已，連火車停靠的月台、車站，行經的隧道都可包含在這樣的「鐵道創作」裡頭，台語歌曲《車站》、《丟丟銅》都是大家耳熟能詳又經典的曲子，被戲劇、文學作為創作背景的，更是不知凡幾。

早期買一張單程車票，隻身北上打拚的情節，更是許許多多台灣人在經濟發展過程中的

· 火車進站

· 扇形車庫

共同經驗，描述了離家返家、重逢離別，一幕幕那麼令人熟悉，卻又感動你我的畫面。

所以搭火車旅行是我喜歡的選項之一。因為隨著車門的開合，看到的就是不同的故事，也許不見得清楚來龍去脈，但看每個人的穿著、神情，也都能在心中描繪出不同的腳本。

從台北準備南下到彰化，我刻意選擇在捷運台大醫院站下車，一來避開迷宮般的路徑，再來也順道去二二八紀念公園看一下台灣鐵道最早的機車頭，作為這趟鐵道之旅的起點，也算是對那個時代的憑弔與追撫。清代的第一輛機車頭「騰雲號」，是清朝時期的八輛機關車當中唯一被保存下來的。速度上的快感也許可從今日的鐵路窺知一二。

不過相較起來，我好喜歡這些機關車的名字，不像今天的自強號、莒光號、復興號的名稱有點八股意味。這八輛機車頭分別從英國與德國進口，很多人會延伸含義沾沾自喜地說，那麼第二輛一定叫作「駕霧號」，如果這麼容易就被猜到，我也就不用混了！第二輛名稱為「御風」；三、四、五輛沒有名字；六、七、八分別被命名「掣電」、「超塵」與「攝景」。這些現在看來是老爺車的機車頭，在當時可是讓人驚嚇不已的，所以從名字當中也能看出當時人們對於火車馳騁的想像與期待。

山線與海線的分歧點

我搭的是自強號。這是目前台鐵最快的車種，但高鐵出現後，大家反而嫌它速度太慢。說也奇怪，車速愈慢，人們反而會在車上聊天；車速愈快，人們反而帶上面具，繃著臉孔，一副拒人於千里之外的感覺，看看以前的

事・台灣的扇形車庫

台灣以前有六個扇形車庫，分別在台北、新竹、彰化、嘉義、高雄、高雄港，在成列編組的電聯車逐漸取代傳統聯掛式列車之際，全世界的扇形車庫也所剩無幾。現在為彰化機務段的扇形車庫也是全台僅存的一座。

· 列車運轉手

普通車和現在的高鐵就能明白。人性好像都是如此，往往等到失去後，才知道原本的東西與心情是值得珍惜的。

車到了竹南，不斷傳來車長廣播的聲音，提醒乘客這是山、海線的分岔點，往海線的不要搭錯車了！而我的目的地彰化是山海線的南邊分岔點，更精準一點地說，山海線的南邊分岔點是在大肚溪橋上。

到了彰化，車站前的排班計程車司機一樣積極攬客，但根據「全台灣車站前通常都是最熱鬧地區」的法則，來彰化必吃的三寶：貓鼠麵、爌肉飯和肉圓都在車站附近，步行即可抵達。大快朵頤後，就從彰化車站開始山海戀之旅。

火車頭的集體休息站

西元一九二二年興建的扇形車庫，位於彰化車站附近，原本只有八個車庫，後來隨著海線運輸量大幅提昇，車頭維修與保養更為頻繁，才加建了其他的車庫。以轉車盤為中心的扇形車庫，放射狀的十二條股道通往十二個機關車庫，就像是展開的扇子一般，不僅充分利用了空間，在視覺上也呈現了美感。火車從車庫出來後先行駛到轉車盤上，以往是靠人力，運用物理原理，四個機工便能轉動數十噸重的火車頭，再將火車頭對準出門的鐵道，火車便準備出門服勤；現在有了馬達，運轉起來更省時省力。

以前車庫全部停放蒸汽火車頭，所以每個車庫上方都有顯而易見的排煙煙囪。前段的車庫並無維修平台，因為蒸氣火車只要在地面上維修即可，但中段車庫維修柴油車頭，所以有了一層維修平台，方便工作。後段的車庫則

▲海線新埔老車站

▼追分車站

▼老車站的舊氛圍

有兩層平台，因為這裡停放的多半是電氣化車頭，除了車身的保養外，車頂的集電設備也得保養。從第一車庫走到最後一個，就像走進時光隧道中，從蒸氣火車、柴油機車到電氣化車頭都濃縮在這裡，可以說是台灣鐵路的縮影，也像是火車頭的「厚德路（HOTEL）」。

這裡的車頭個個大有來歷，也算珍貴的資產，從古董級蒸氣車頭CK101、CK124、DT668到民國四、五十年代就開始執勤的柴油車頭，每一輛都伴隨台灣走過那個物資缺乏卻精神充滿希望的年代。雖然經歷九二一地震及人為的破壞，但扇形車庫還是存活下來，直到今日展現最佳的一面。而車庫最迷人的地方則在於現在它依然在運作，不管是轉車調度、維修保養、趕著去上班的列車長，種種對於火車的情感與記憶，都可以活生生地在這裡看到，而不是一個死氣沉沉，只供展示的博物館。

鐵道迷必訪的木造老車站

從彰化出發，坐上區間車往海線第一站：追分，這是海線五座木造老車站的其中之一，造型也和其他四座大相逕庭。特別的是這邊至今依舊有賣硬卡車票，這種幾乎消失的老車票之所以還能在這裡瞥見，托的是追分到成功站車票上排列出「追分成功」吉祥話的福，不僅保佑金榜題名，也祝福「追婚」成功。

有一段時間，火車站名所衍生出吉祥寓意的車票大受歡迎，也使得追分一度鹹魚翻身，很多人來只為買一張硬卡車票，送給朋友或自己濃濃的祝福。許多人不知道，追分站到成功站不只有車票聯繫，還有一條成追線，這條山海「鍊」，使得海線到山線的火車不用繞到彰化，直接在大肚溪北就能轉彎，鍊起了山與海的距離。

沿途北上的其他四座老車站依序為日南、新埔、大山、談文，也同樣是在西元一九二二年完工的，建材皆採用台灣所產的杉木，古樸有致的不對稱日式造型建築，牛眼窗、L型迴廊、Y型撐架及保留有木柵欄的剪票口。其中談文車站目前是無人招呼站，本來台鐵有意拆掉歷史悠久的談文火車站，但現在被列為苗栗縣定歷史古蹟保存下來。不過缺乏管理的情形下，建物破損任其遭風吹雨打，沒有積極的作為，在「破窗效應」下，這幢老建築大概也沒有什麼未來可言。

瀏覽海線小鎮的鄉間風情

海線鐵路沒有山線的嘈雜擁擠，呈現出的

・列車奔馳在海線鐵道

反而是一番優遊慢晃，村鎮風情的滋味；在不趕時間的情況下，到各個小站走走看看，與當地人互動，能看見台灣鄉間的況味。只不過要注意班車銜接時間，往往只有班次不算多的區間車停靠。夏天天氣清朗時，台灣海峽不時出現在視野中，碧海藍天還有高高豎立的風力發電風扇，能把滿身的疲憊與煩惱吹得遠遠的；就算冬天寒冷陰霾，坐在溫暖車廂裡，望著灰

・蒸汽火車陳列成爲記憶

事・老車站的重要性

在許多國家，雖然已有更快速的交通工具出現，但重視鐵路歷史始終是彰顯國家力量的表現，因為從興建、營運到維護，都牽涉到許多專業層面，各國紛紛成立鐵道博物館加以保存。但台鐵往往認為老車站管理有困難，舊車廂當成廢鐵賣，在這樣的想法下，很多骨董寶貝就默默地消失不見了。

· 上班的司機員

濛濛的天氣，整個人也變得詩情畫意起來，也能領會這生活中的小確幸。

而苗栗縣後龍鎮也有鐵道之最的趣味，這個小鎮有台灣西部最多的火車站，包括海線的「大山」、「後龍」、「龍港」，再加上山線的「豐富」。大山車站曾經因為將宣導「選舉不要買票」的紅布條掛在車站外，被網友KUSO成「我只是想買車票難道也有罪？」在網路上紅極一時。

應映時代變化的台灣鐵路

離開海線鐵路從竹南接回山線，這裡的火車班次多，安排行程更為自由。在苗栗車站旁的鐵道文物展示館，在戶外展出了台鐵、阿里山森林鐵道以及台糖鐵路曾使用過的各種車輛。而西元一九一六年啟用的台中車站，中央屋頂為山牆式，並裝飾有華麗的勳章，再以白色洗石子與紅色磚面互相襯托，是目前使用中最早的車站建築。說到台中，也和台灣鐵道史息息相關，因為台中的地標：台中公園湖心亭，便是一九〇八年縱貫線通車之際，為了舉行台灣縱貫鐵道全通式所興建的，以便讓遠道而來參加典禮的皇室成員有休息的地方。

走過百年歷史，台灣鐵路的長途運輸由快捷新穎的高鐵接手，台鐵轉型為區域型的通勤需求，從山線鐵路多了像大慶、新烏日等新的車站就能看出端倪。大慶站也有像追分的趣味在裡頭，買張大慶到台中的車票，就能讓你「慶中台大」！我想若是要更本土味的，那就買張嘉義大林到台北吧！因為「林北台大」啊！更有霸氣與捨我其誰的決心。

鐵道老故事

西元一八二五年，全世界第一條鐵路在英國誕生，從此交通拉近距離，距離改變了思考，將世界帶入一個截然不同的景況。雖然英國在許多殖民地興建鐵路，但其目的是著眼於自身的商業利益考量，並非在改善當地人民的生活，但不可否認地，這是後來這些殖民地獨立後發展的基礎。

搭火車竟比坐轎子還慢？

台灣的鐵路肇始於一八八七年劉銘傳來台，當時雖然依舊是腐敗無能的滿清政府統治，但卻在隔著海峽的台灣開啟中國現代化的里程，和許多國家相比，時間也算是早的。不過清朝時鐵路興建也是一波多折，不僅受到居民反對，因為這個騰雲吐霧的大怪獸像是妖物，龐大載重量又搶走了許多搬運工人的生意，再加上施工品質不佳，出軌事故屢見不鮮，也不準時，就連日本第一任台灣總督樺山資紀都曾經遇到兩次火車出軌，還好當時火車時速不到三十公里，不然肯定傷亡慘重。也有人從基隆搭火車到台北，竟然比坐轎子還慢。

鐵路縱貫線新革命

日據時期，台灣縱貫線全通，但和大部分殖民地一樣，也反映出「拓殖鐵道」的特性，在當時的鐵道部長長谷川謹介規劃建造下，秉持「速成延長主義」的原則，在有限的預算下，盡早完成全線通車的任務，以達成全台灣統治與經濟物產的運送，這在縱貫線首年營業統計中，貨運就占營業額百分之五十六的比例，便能看出拓殖鐵道的特性。在「速成延長」前提下，縱貫線連接台灣兩大重要港口：基隆與高雄，在一九八年全線通車，不但工期提早一年完工，在車站不建廁所、鐵軌採輕量軌的撙節措施下，節省了一百二十萬元的經費，額外建了鳳山與淡水兩條支線，改良高雄港與興建原址在今天台北車站前新光大樓的鐵道旅館。時光荏苒，台灣鐵路從清朝至今也已經有一百二十五年的歷史了，發展到今天，鐵路的速度與舒適度早就不可同日而語。

政府與當地住民的意見分歧

日本人當年修築縱貫線最困難的就是在舊山線。以往由於山線坡陡，加上單軌，調度上常是捉襟見肘，導致不少物資如蔗糖、米糧在等待運輸過程中腐敗，造成不小的損失。因此台灣總督明石元二郎決定在竹南至彰化間另闢海線鐵路，此舉引起了台中州士紳居民的疑慮，深怕台中的交通樞紐地位因此改變，在總督府保證不廢除山線，並表示不惜以武力壓制阻撓工程的不理智舉動情況下，一九二二年竣工的海線鐵路紓解了日漸擁擠的山線路段。今天台鐵的車班中，也是以山線為主，因為人口密集的大都市多半集中於此，從營收條件來看，會做如此的安排並不意外，當年台中居民擔心海線會搶走客源的顧慮，似乎從來都沒有發生。

追憶昔日榮光

小鎮故事多

還記得從前歷史課本上提到的：
「一府、二鹿、三艋舺」嗎？
當中的「鹿」，也就是鹿港，
這個能邊享受昔日風情，
邊品嘗美味小吃的懷舊小鎮。
讓我們搭配著歷史的樂章徐步而行，
一起體驗台灣道地的舊時光與新風華。

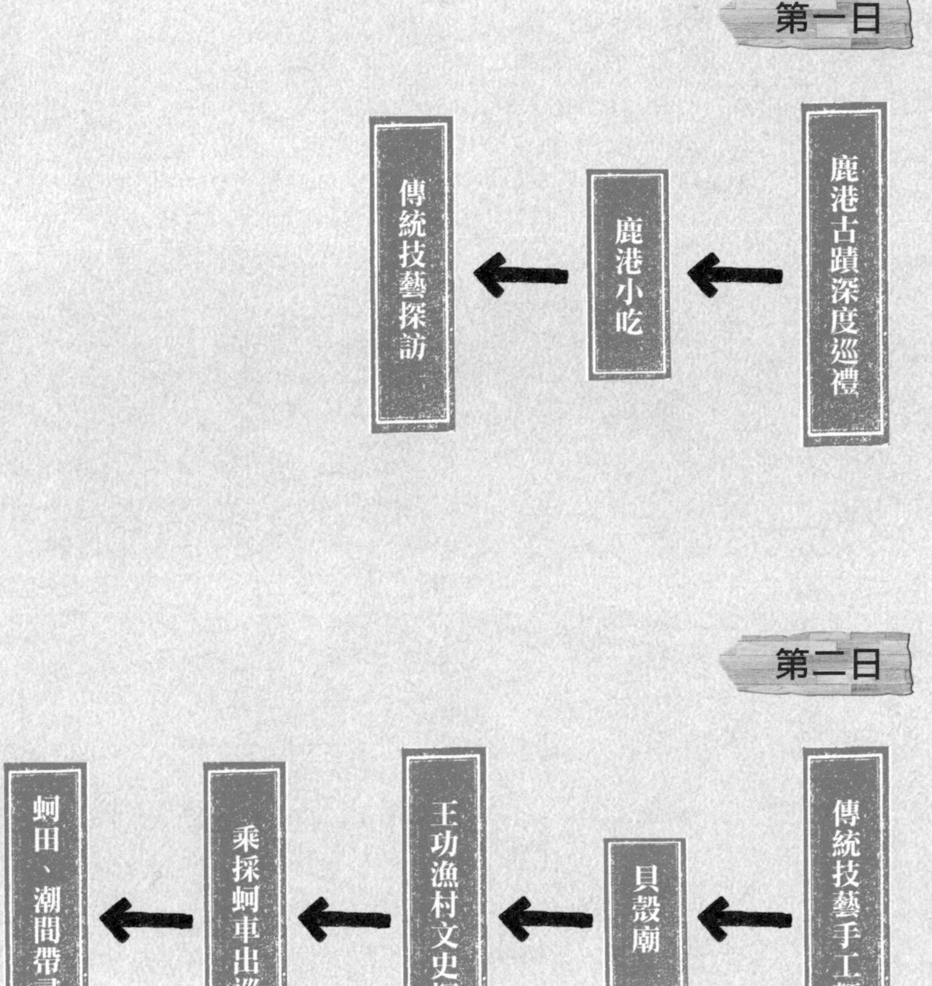
第一日
鹿港古蹟深度巡禮
鹿港小吃
傳統技藝探訪
第二日
傳統技藝手工麵線
貝殼廟
王功漁村文史探索
乘採蚵車出巡
蚵田、潮間帶尋蚵

▲鹿港的文風呈現在門聯上　　▼辟邪物的石敢當

翻開台灣開發史，一定有句話大家耳熟能詳：一府、二鹿、三艋舺。這都是台灣早期的對外門戶，中部就是鹿港，雖然今日已經失去當年顯赫的地位，但相對保存了豐富歷史資產與昔日遺風。

鹿港是個可以多層面觀賞的小鎮，最好的方式是步行，穿梭在為了防止九降風而建成有如迷宮的彎曲巷弄中，總有令人驚喜的不經意發現。

我通常會選擇文開書院作為步行的起點，這是鹿港人重視教育的表現，地位等同於今日的大學，更為鹿港在道光至光緒年間培育了六名進士、九名舉人與百餘位秀才。在鹿港，家家戶戶的門聯幾乎都是自己撰寫，還不是「爆竹一聲除舊歲」這種老梗，而是各家主人根據自己的狀況與背景所寫出來的，每幅對聯都是獨一無二。鄰近的街名也有許多趣味：像是著名的摸乳巷、以前開設木材店的杉行街、賣竹子的德興街（竹與德台語同音），還有米市聚集的美市街（米與美台語亦同音），都令遊人勾勒出昔日生活的樣貌。

賞古廟建築之美‧窺門梁動漫趣味

鹿港有三多：廟多、小吃多、匠師多。鹿港幾乎是三步一小廟，五步一大廟，根據性質又能分成全鹿港居民拜的闔港廟，某區域內的角頭廟，以及同一祖籍的人群廟。就像去歐洲一樣，許多人興沖沖要看教堂，但看久了也覺得膩，不過不看又不行，因為最精采的藝術都在教堂中，只好挑最精華的來欣賞。鹿港最精華的廟宇當屬龍山寺，不僅格局恢宏大器，細部雕刻精美，又被列為國家一級古蹟；而鹿港

· 鹿港多廟宇

早期靠海運發跡，自然少不了對媽祖的崇拜，三間媽祖廟各有擅場，鹿港第一間媽祖廟：「興安宮」，西元一六八四年由福建興化人興建；因為福康安平定林爽文之亂後，而奏請乾隆皇興建的新祖宮，是少見的官方媽祖廟；而香火最鼎盛的「天后宮」，分香出去的廟宇更是高達六百多座。這些廟宇透露出了鹿港的古樸與信仰虔誠，歷經數百年依舊不變。

但這樣的印象來到了在當地廟宇不算大的「玉渠宮」，畫梁雕棟依舊，抬頭一看，卻不由得讓人會心一笑。梁上竟畫有哆啦Ａ夢、海綿寶寶！這麼跳ｔｏｎｅ的畫風，是廟方為了吸引年輕一代的用心，而這裡祭祀的又是戲曲之神——田都元帥，所以也就不那麼唐突了。

在龍山寺旁的小巷子裡，我也發現了一扇鋁門。傳統廟門上有門神，通常背著旗、掛著球、配著戟、帶著磬，有祈求吉慶之義。但這扇門特別之處在於，上面彩繪著忍者龜與蜘蛛人，依舊有祈福的意思在裡頭，不過忍者龜住在地道，蜘蛛人天上跳躍，又有上天下地無所不能的含意。這樣的創意在創新之餘又隱含傳統。隔年再去看時，主角又變成鋼鐵人與綠巨人，還真是有關注最新潮流趨勢啊！

國家級的工藝老手

大大小小的廟宇當然讓人目不暇給，但鹿港早期以通商致富，再加上禮俗繁複，「鹿港人厚草頭」這麼一句話便是形容鹿港的眾多禮俗，像綁稻草時的頭部一樣又多又雜，自然在寺廟或生活用品的作工上都十分講究，也使得這裡的工藝獨步全台。國家級的薪傳獎目前得獎者中，就有六人是鹿港人，從製香、木雕、錫雕、製扇、燈籠等等，種類繁多。

我們在後車巷造訪一位做蒸籠的匠師，蒸籠雖是常民生活中使用的器具，但其中磨、鑽、編等等的功夫，使得這項技藝看來充滿了藝術性。老匠師從十五歲開始從事這一行，今年七十一歲，屈指算算已經做了五十六年的蒸籠，他的蒸籠選料講究，用的是檜木來製作，聞起來有著一股特有的清香，我握著匠師的手，手掌摸起來粗糙又光滑，粗糙的是那厚厚的繭，而光滑是因為長年下來指紋幾乎都被磨平，手指也因工作而變形。

看到我們造訪，他略顯激動，可能平常也沒什麼人願意聽他講話，話匣子打開一時也停不下來，除了向我們訴說後繼無人，技藝就要失傳的感嘆外，更拿出壓箱寶：古早的鑽洞工具示範給我們看。對於現代人來說，想在家裡

· 手工線香

煮頓飯已是件難事，更遑論要自己做經過和、發、揉、捏、包過程的麵食，用買的比較快，於是蒸籠也漸漸少人使用了，對於這樣的技藝，可能是見一次少一次。

曾經得到薪傳獎的吳敦厚燈籠鋪燈依舊亮著，第二代吳怡德先生在店內默默畫燈籠，這裡製作傳統民間使用的各式燈籠，有題字的姓氏、堂號、喜慶婚喪燈、子孫燈、狀元燈、天公燈、慶讚中元、天燈等等，而圖案有招財進寶圖、花鳥、如意童子、松鶴、耕讀、鎮宅燈的獅劍和龍燈等，令人訝異的是，這些都不用打草稿，完全一筆到位，當真是累積多年的功力。

老饕級數的手工麵線

走累看累了，那麼一定要來第一市場吃小吃，燕丸、水晶餃、老全豬血麵線、芋丸多不

· 鹿港龍山寺

▲古厝前的手工麵線　　▼精美藻井

勝數，而且鹿港的老闆都是佛心來著，在萬物皆漲的年代，這裡都還是平價小吃。順帶一提，鹿港雖然以蚵仔料理聞名，卻幾乎看不到蚵仔麵線，特別的麵線糊裡加了紅蔥頭、蝦米、肉羹，是極具特色的當地麵線小吃，若來此地，不可不嘗。鹿港果真夠老，老得可以包容一切傳統的東西，連要參觀製作麵線依舊可得。

我來到仍秉持手工製作的林家麵線，剛好趕上製作的時間。大家在三合院廣場上垂掛的麵線間穿來梭去，彷彿進入了盤絲洞。主人告訴我，一天大概要做五包麵粉量的麵線，天氣好就在廣場曬麵線，天氣不好就只搬到室內烘乾，以前天氣不好就不生產，但現在每天都得出貨，只好窮則變。製作麵線得在中筋麵粉中先加入鹽水攪拌，揉出麵粉的筋性，再切割成為手臂粗的麵條，之後再甩成手指粗細，以8字型交叉在兩根竹竿上，利用地心引力使它再變長，隔段時間便能開始拉麵線。看來容易的工序，卻得需要耐心與巧勁來完成。

曬在太陽下的麵線，日照時間完全憑經驗，中間的麵線較細，所以水分較快蒸發，曬到一定程度，還得把細的部分綁起來，以免兩端較粗的還沒曬好，細的已經龜裂了。而一般蚵仔麵線所用的紅麵線，則是得再費一次工，將白麵線蒸過之後就會變成紅色，Q度會減少但是耐煮性增加，有些不肖商人為了節省成本，直接在麵線中加入色素和耐煮化學藥劑達到麵線變紅及耐煮的目的。這裡蒸紅麵線用的還是木材灶，我們平常吃的蚵仔麵線大概無福使用這樣的手工麵線，因為產量不多，大多只能供應鹿港少數的麵線糊商家，印證了一句台灣俗諺：「生吃都不夠，擱拿來曬乾。」

得天獨厚的蚵仔產地・王功

鹿港還有一多，就是蚵仔料理多，尤其在天后宮前的店家，幾乎是蚵仔一條街，但尚青的蚵仔來自於鹿港南邊的王功地區。「別人ㄟ阿君仔是穿西米羅，阮ㄟ阿君仔喂是賣青蚵……」台灣早期歌謠《青蚵嫂》一曲道盡養蚵人家的辛苦與寒酸，而許多人也只能從這首歌裡了解蚵農的景況，想要知道再多，卻也不知從何開始。

在鹿港南邊的王功，路邊隨時可見帶著斗笠，包著頭巾的青蚵嫂操著剖刀，熟練地將外表不起眼的蚵殼剝開，將有海中牛奶之稱的蚵仔一一挑出；事實上，很多新一代的青蚵嫂都是外籍新娘，她們的加入，為人口外移嚴重的漁港帶來一絲生氣。但就算技術再熟練，這樣的工作也實在不好賺，剝一碗蚵仔約需半小時，而工資也才二十元，不過在缺乏工作機會的漁村，也算是一份工作。當我們大啖蚵仔煎或蚵仔湯的美味時，誰又知道生產這些蚵仔背後的過程，當真是誰知盤中蚵，粒粒皆辛苦。雖然很八股，但還是要提醒大家，更應該珍惜所有的食物啊！

上過健身房的王宮蚵，結實有勁

要判斷是否到了王功，最好的方式就是查看有沒有出現堆置在路邊的蚵殼。這些看似廢棄無用的蚵殼可以添加在雞隻飼料中，增加蛋殼的硬度，王功所在的芳苑鄉正是全台雞蛋大產地之一；也可以磨碎攪拌在土裡，中和土壤的酸性，讓土地恢復地力，真正是垃圾變黃金的最佳例證。

▲潮間帶的蚵棚　　▼青蚵仔嫂

．坐鐵牛車到潮間帶體驗

王功有著得天獨厚的潮間帶，南邊的濁水溪出海口，更挾帶有機質順著潮流北上在此堆積，海中豐富的養分，成為蚵仔最棒的食物來源。王功一天兩次的高低潮差，造就了特有的橫掛養殖法，有別於浮棚式的養殖方式，蚵仔長期浸泡海水中，雖然成長快速，較符合經濟收益，但口感就會軟趴趴。王功的蚵仔雖然小，但是結實有嚼勁，且呈現珍珠般的光澤，有「珍珠蚵」的美稱。這裡的蚵仔是上健身房的，因為蚵仔是種貪吃的生物，隨著潮起潮退，當漲潮時海水覆蓋蚵架，就是牠打開蚵殼大吃特吃的時候；而退潮時蚵仔浮出海面，便呈現關閉含水休息的消化狀態。有運動使得控制蚵殼開合的閉合肌特別發達，也是好吃的原因。在王功街上，蚵嗲、蚵仔煎等各式蚵仔料理，讓人不得不大快朵頤一番。

品嘗尚青的道地吃法

到潮間帶挖文蛤、吃生蚵是來王功必做的體驗。坐在蚵農們下海的交通工具鐵牛車，伴隨著規律的噗噗噗引擎節奏，打著赤腳感受細沙在腳趾縫間遊走的感覺，這是都市所體會不到的漁村風情。

我們在有三十年養蚵經驗的蚵農林阿叔帶領下，走在退潮後的潮間帶，成行成列的黝黑蚵架，像是反登陸裝置矗立著。蚵殼銳利如刃，赤腳的人稍稍不注意被刮到，馬上見紅，而蚵仔從蚵架上拔下，還得經過篩洗、剝殼，一顆顆飽滿的蚵仔才在眼前出現。林阿叔準備了哇沙米，就直接海派地現吃起來，什麼最鮮？剛剝下來的蚵仔沒有腥味，搭著微鹹的海味正對味，這才是尚青。

潮間帶上一孔一孔的小洞是招潮蟹的家，牠們舉著不成比例的大螯耀武揚威，但只要一靠近牠，卻又像個俗仔馬上躲回洞裡去。而俯身低頭，泥地上傳來水泡迸裂的聲音，像是海灘在一整個早上海水覆沒閉氣後，拚命地呼吸著，往下挖去，一粒粒的新鮮文蛤紛紛出土，看似不起眼的烏黑沙灘，原來是個讓我們不斷驚訝的寶庫，每個人都裝滿袋子滿載而歸。

去程或回程還可以順道去拜訪貝殼廟，這座廟拜什麼不重要，吸睛的是整座建築都是用貝殼、珊瑚、海底礁石為主要建材而蓋成，造型有麒麟、九龍梁柱、廟簷屋脊有龍、鳳等八卦圖案，你我也許不是海龍王，但若真有海底龍宮，大概也就是這副光景吧！

鹿港的絢麗與平淡

鹿港在西元一七三一年（雍正九年）正式開放為島內貿易之港，乾隆四十九年核准鹿港與福建泉州對渡，來自泉州移民大量湧入，也開啟了鹿港輝煌的一頁。

但隨著河水淤積，再加上台灣像是淡水、基隆、高雄等大港的出現，到了清末，鹿港的發展停滯不前。

而日據時期縱貫線興建並無經過此地，中日戰爭爆發後又禁止與大陸貿易，從此絢爛歸於平淡。

這不知是鹿港的幸還是不幸？正因為後期的不受注意，因此在台灣都市化歷程中，鹿港曾經被視為破敗的古樸樣貌，今日反而搖身變為炙手可熱的懷舊典範。

▼心有籤籤結

▲傳統建築的燕尾與泥塑

▲老僧入定

· 半邊井

部落禮讚

取自自然，用於自然

聚落群最能反應出不同地區人類文明的發展歷程，
老七佳的石板屋體現了選址的考量，
文化的刻印，歲月的沉澱，
難能可貴的它不是人去樓空的遺址，
而是有血有肉有人居住的機能型聚落！

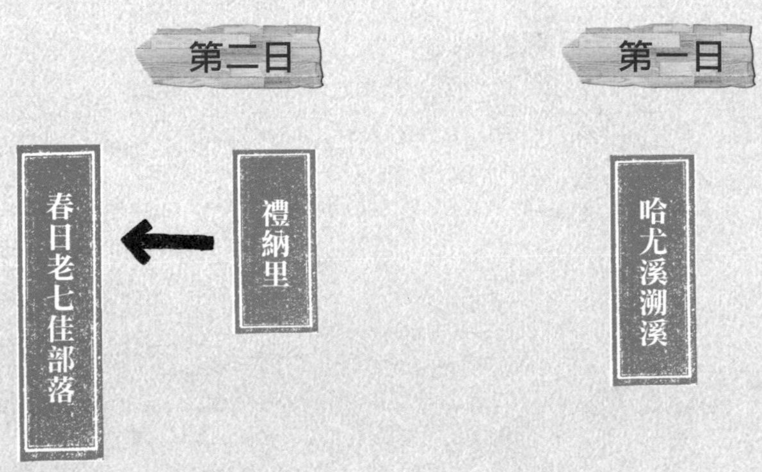
第一日
哈尤溪溯溪
第二日
禮納里
春日老七佳部落

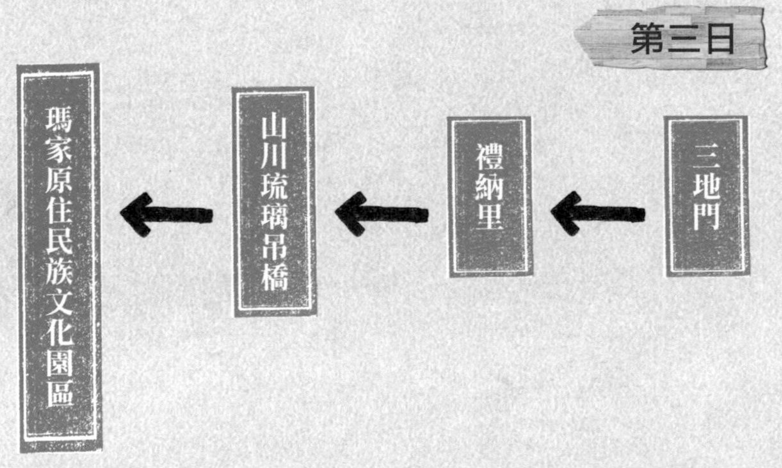
第三日
三地門
禮納里
山川琉璃吊橋
瑪家原住民族文化園區

高三千兩百九十五公尺的卑南主山，是台灣脊梁中央山脈南段的龍頭，因為中央山脈在卑南主山以南突然陷落至三千公尺以下，因此讓海拔僅有三千〇九十二公尺的北大武山才能稱霸屏東，成為排灣族與魯凱族眼中的聖山。

中央山脈自北往南縱貫島嶼，若說泰雅族是北部的山大王，那麼在南部雄踞山林的就是排灣族了。排灣族若以族群分，可分為兩大系統：拉瓦爾亞群（Raval）和布曹爾亞群（Butsul），大致上是以隘寮溪為界，若按照居住區域分，可分為北、中、南、東，北排灣是拉瓦爾亞群為主，其他則屬於布曹爾亞群。

排灣族vs.魯凱族，相似卻不同

而在排灣族占大多數的山脈南段，還有一為人知曉的高山族群：魯凱族，分布區域主要

· 排灣族鼻笛

在屏東縣霧台鄉，台東也有東魯凱的「達魯瑪克」東興部落，在高雄茂林也有少數的魯凱族，人口約一萬人左右。日據時代曾經將魯凱族視為排灣族的一支，因為魯凱族與北排灣拉瓦爾亞群地緣距離非常接近，而且不管在服裝、文化、藝術上皆有相近之處，一時之間真的很難區分，不過兩族之間還是有所差異。

像是魯凱族沒有排灣族的五年祭，據說曾有魯凱族部落也學排灣族舉行五年祭，結果反而造成許多族人死亡，魯凱族便再也不敢舉辦了；而排灣族的繼承制是「長嗣繼承」，不論男女都能承襲，但是魯凱族則為「長男繼承」，只有男生才有權利繼承；另外魯凱族的埋葬方式是側身臟或直立葬，和排灣族的蹲屈肢葬有所不同，因此還是被視為兩個不同的族群。

除了多樣的族群特色外，這條中央山脈南

· 老七佳石板屋

段也擁有許多祕境，但也是八八風災時遭受莫拉克颱風襲擊最嚴重的地區之一，天地不仁，山水無情，許多景點與風災前對照差異頗大，雖然許多舊景點走入歷史，但也因禍得福出現了些新景點，正所謂上帝關了一扇門，會幫你打開另一扇窗。

不經風雨，何見彩虹

位於屏東霧台鄉的哈尤溪就是這樣的一個景點。根據當地的魯凱族人說，這裡以前更美，有深潭、溪谷，但是不容易進入，要進入必須高繞、攀繩等專業技巧，難度頗高，所以少人抵達，是真正的祕境，八八風災後，山河變色，原來的美景回不來了，但深谷河床反而被高達十數層的土石堆積墊高，使的原本在高處的七彩岩壁被看見，而且難度變低了，成為新的景點，只是過程太慘痛，而世人又太健忘。

說起來是變容易了，但車程也一點都沒少。進入哈尤溪的集合位置是在屏東霧台鄉的大武國小，從山下的三地門開車需一小時，若從高雄過來需要兩小時，從大武國小再搭乘四輪傳動車進入溪谷來回也得要近三小時，所以一天的時間光坐車可能就耗費七小時，但這樣的時間在當看到令人難忘的風景時，頓時覺得一切都是值得的。

哈尤溪是隘寮溪的上游，而隘寮溪水又注入高屏溪，可以說哈尤溪也是高屏溪的重要集水區，搭上部落安排的四輪傳動車，還得經過數十次的橫越溪床，在水量大的時候，整輛車都有可能會被沖走，因此五月初雨季開始後，哈尤溪也隨之封山，不然一場午後雷陣雨，就有可能讓你進得去出不來。

入山與永續發展，都得步步為營

哈尤溪在還沒交給部落管理之前，覺得就像另一個會被玩死的景點一樣，不過現在每天限額四百人進入，還必須由部落的朋友帶領，不是嗆聲憑什麼一定要他們帶的問題，是你永遠不會比這些地頭蛇（沒有貶抑，因為百步蛇是魯凱族的守護神，當然是地頭蛇）了解這條溪潛在的危險，氣候變化、落石、溪水暴漲都

· 哈尤溪水石之美

．緣溪行，便得美景

可能要命，你可能覺得有那麼嚴重嗎？那是你幸運沒碰到，這種幸運不是小確幸，碰到一次就沒了。部落除了接駁、還有安全人員、導覽解說，大概每六個遊客就有一個當地人負責帶領並守護你的安全，且執行地很認真，如此一來他們在部落就有工作，由他們來幫我們守護這片美麗山水，實在一石二鳥，再好不過了！這才是真正結合生態、生產、生活的永續觀光。

由於氣候的轉變，哈尤溪每年景色肯定也會改變，河床像是搖擺的巨龍，不知道何時又要甩頭擺尾？不要問我好不好走，只要想去，再困難都能到；不想去，再容易也沒興趣，大自然給你的不只是讚嘆，還有更多的省思。

排灣族的生命起源・百步蛇

離開魯凱族的哈尤溪，春日鄉的老七佳石板屋則是另一個隱身在中央山脈南段的祕境。這裡目前是全台灣保存最完整的石板屋聚落群，總共有五十座，雖然號稱最完整，但畢竟有年代，還是看得出凋零的痕跡，但現在不看，以後也許更難看到了。

排灣族住在石板屋裡，中央山脈南段的頁岩、板岩，正好是就地取材的建築材料，除了方便外，屋頂疊放的石板也象徵蛇的鱗片，排灣族認為百步蛇就是他們的祖先，在創世神話中，太陽、陶壺、百步蛇是重要的圖騰，因為相傳太陽在陶壺裡生了兩顆蛋，在受到陽光的照射與百步蛇環抱陶壺孵化後，誕生出排灣族的祖先。百步蛇的崇拜展現在生活中許多細節裡，除了日常用品的花紋裝飾外，像是早期族人習慣頭上纏布頂物，據說是由蛇隻得到的靈感；排灣族的傳統石板家屋，以前屋頂容易

· 老七佳可愛造型的入口意象

事・排灣族特有的家名制度

排灣族的名字既非從母姓，也非從父姓，而是十分特別的家宅連名制。一旦有人成立新家庭，族裡的長輩就會給新家庭一個新名字，家宅名既表明居住的地方，也標示所屬的階級與地位，和漢人姓氏代表的意義完全不一樣，充其量只是個戶籍名詞罷了。因此不同戶卻同姓，不代表之間有親戚關係。要搞清楚誰是誰的後代，家中都立有木雕或石雕的祖靈柱，我們看起來都大同小異，但對族人來說卻能從特徵裡辨別。

漏雨，相傳也是百步蛇托夢給族人，教導他們將原本水平置放改為仿效蛇身上的鱗片層層排列，屋頂從此不再漏水。

許多人質疑為何排灣族會把毒蛇當作自己的祖先？其實是源自早期人類對於自然的敬畏轉化為崇拜，進而希望自己也能像百步蛇般具有威力的心理投射，因此排灣族的祖靈像許多都是人蛇合體的形象。這也是生活中的正向思考，排灣族不把企鵝或北極熊當作祖先，是因為在他們生活環境中這些動物並不存在，既然每天都會看見，與其當成惡物，不如賦予吉利的表徵，這就好像日本人對烏鴉的觀感和我們文化中的認知是截然不同的，族人也認為若是五年內家中沒有百步蛇進入，代表著有凶兆即將發生，而對我們來說，沒有蛇進入家裡，才是值得慶幸的事。

在世界遺產項目中，聚落群最能反應出不同地區人類文明的發展歷程。老七佳的石板屋體現了選址的考量，文化的刻印，歲月的沉澱，難能可貴的它不是人去樓空的遺址，而是有血有肉有人居住的機能型聚落，住在這裡是件不容易的事，但排灣族的祖先用智慧辦到了！

百合花・魯凱族的重要象徵

要體驗原住民文化，除了到部落走走看看外，若想真正深入了解，最好的方式就是來個Homestay，和三地門僅隔一條隘寮溪的瑪家鄉，住著一群原居在好茶村的魯凱族人，同樣因為八八風災的關係失去家園，在各方協助下如今住在永久屋，更將永久屋設為接待家庭，張開雙臂歡迎對魯凱族文化感興趣的遊客。

走進這個脫鞋子的部落，處處都可瞥見屬

· 吉拿富和山芋

食·傳統好風味

午餐則在部落裡享用風味餐，食材都是自己種的，沒有太多調味，卻更能吃出食物的原始滋味，烤山豬肉，喝小米酒是基本款，還有排灣族特殊的「cinavu」，吉拿富。吉拿富在傳統原住民生活中，是只有在祭典、節慶、結婚等重要活動時才製作食用的，內容物是芋頭粉、小米和豬肉，再用假酸漿葉包裹起來，外頭用月桃葉紮緊固定，入鍋蒸煮就可以了，這裡的地瓜、小山芋也特別好吃，南島語系族群主食就是這些根莖類的含澱粉食物，跟漢人的稻米文化是截然不同的。

▲原住民文化園區的舞劇　　▼老七佳吊橋

於魯凱族的圖騰，時代再怎麼變遷，對於魯凱族來說，象徵族群神聖高貴精神，代表部落秩序倫理的百合花始終飄香。

為台灣特有種的台灣百合同時也是魯凱族族花，對男性來說，佩戴百合花顯現狩獵功績與英勇的能力，必須要獵到五隻山豬才能佩戴；而其對女性的意義更是重要，它是良好婦德操守的標誌，代表婚前的純潔堅貞，為了配戴百合花，在部落裡取得族人的敬重，當然就會有自我約束的能力。若是沒有達到標準而自行佩戴，部落頭目會當眾將花拔掉。而從花朵佩戴的方式也看得出階級地位，頭目頭上的百合花向正前方，平民則只能朝向兩側。

離禮納里不遠，這裡有原住民委員會設立的原住民文化園區，園區內對於台灣目前的十六族都有介紹，特別值得推薦的是園區內的歌舞表演，和一般譁眾取寵的娛樂性質表演不同的是，這裡透過各族不同的歲時祭儀或是神話傳說，串接成一齣齣精采的舞劇，搭配專業的場地、音響及燈光，把歌舞表演真正拉到藝術欣賞的層次，也讓遊客在短時間內了解各個族群文化的特點差異，更值得一提的是，每天上下午的表演都是不同的族群，一天看兩場也不會覺得太多。園區外就是跨越隘寮溪的山川琉璃吊橋，全長兩百六十二公尺，距離河床高度約四十五公尺，橋身設計是以原住民琉璃珠作為意象，兩邊有原住民百步蛇圖騰，通往對岸的三地門還可以進部落逛逛，色彩鮮豔的琉璃珠工坊以及香味撲鼻的原鄉美食，都讓人流連忘返，品味再三。

慢旅。台灣

風俗美景

跟著深度旅行家馬繼康遊台灣

作　　者　馬繼康
編　　輯　藍匀廷
校　　對　藍匀廷、蔡玟俞
　　　　　馬繼康
美術設計　劉錦堂

發 行 人　程顯灝
總 編 輯　呂增娣
資深編輯　吳雅芳
編　　輯　藍匀廷、黃子瑜
　　　　　蔡玟俞
美術主編　劉錦堂
美術編輯　陳玟諭、林榆婷
行銷總監　呂增慧
資深行銷　吳孟蓉
發 行 部　侯莉莉
財 務 部　許麗娟、陳美齡
印　　務　許丁財

出 版 者　四塊玉文創有限公司
總 代 理　三友圖書有限公司
地　　址　一○六台北市安和路二段二一三號四樓
電　　話　(02) 2377-4155
傳　　真　(02) 2377-4355
E-mail　service@sanyau.com.tw
郵政劃撥　05844889 三友圖書有限公司

總 經 銷　大和書報圖書股份有限公司
地　　址　新北市新莊區五工五路二號
電　　話　(02) 8990-2588
傳　　真　(02) 2299-7900

製版印刷　卡樂彩色製版印刷有限公司

初　　版　二○二一年五月
定　　價　新台幣三六○元
ISBN　978-986-5510-73-2（平裝）

國家圖書館出版品預行編目(CIP)資料

慢旅。台灣：風俗美景：跟著深度旅行家馬繼康遊台灣 / 馬繼康作. -- 初版. -- 臺北市：四塊玉文創有限公司, 2021.05

面；　公分. -- (讀旅行；65)
ISBN 978-986-5510-73-2(平裝)
1.臺灣遊記

733.69　　　　110005442

地址：　　　縣/市　　　　鄉/鎮/市/區　　　　路/街

段　　巷　　弄　　號　　樓

廣　告　回　函
台北郵局登記證
台北廣字第2780 號

三友圖書有限公司 收

SANYAU PUBLISHING CO., LTD.

106　台北市安和路2段213號4樓

「填妥本回函，寄回本社」，
即可免費獲得好好刊。

\ 粉絲招募歡迎加入 /

臉書 / 痞客邦搜尋
「四塊玉文創 / 橘子文化 / 食為天文創
三友圖書——微胖男女編輯社」
加入將優先得到出版社提供的相關
優惠、新書活動等好康訊息。

四塊玉文創×橘子文化×食為天文創×旗林文化
http://www.ju-zi.com.tw
https://www.facebook.com/comehomelife

【黏貼處】對折後寄回，謝謝。

親愛的讀者：
感謝您購買《慢旅。台灣：風俗美景：跟著深度旅行家馬繼康遊台灣》一書，為感謝您對本書的支持與愛護，只要填妥本回函，並寄回本社，即可成為三友圖書會員，將定期提供新書資訊及各種優惠給您。

姓名＿＿＿＿＿＿＿＿＿＿ 出生年月日＿＿＿＿＿＿＿＿＿＿
電話＿＿＿＿＿＿＿＿＿＿ E-mail＿＿＿＿＿＿＿＿＿＿
通訊地址＿＿＿＿＿＿＿＿＿＿
臉書帳號＿＿＿＿＿＿＿＿＿＿
部落格名稱＿＿＿＿＿＿＿＿＿＿

1 年齡
□18歲以下 □19歲～25歲 □26歲～35歲 □36歲～45歲 □46歲～55歲
□56歲～65歲 □66歲～75歲 □76歲～85歲 □86歲以上

2 職業
□軍公教 □工 □商 □自由業 □服務業 □農林漁牧業 □家管 □學生
□其他＿＿＿＿＿＿＿＿

3 您從何處購得本書？
□博客來 □金石堂網書 □讀冊 □誠品網書 □其他＿＿＿＿＿＿＿＿
□實體書店＿＿＿＿＿＿＿＿

4 您從何處得知本書？
□博客來 □金石堂網書 □讀冊 □誠品網書 □其他
□實體書店＿＿＿＿＿＿ □FB（四塊玉文創／橘子文化／食為天文創 三友圖書 —— 微胖男女編輯社）
□三友圖書電子報 □好好刊（雙月刊） □朋友推薦 □廣播媒體

5 您購買本書的因素有哪些？（可複選）
□作者 □內容 □圖片 □版面編排 □其他＿＿＿＿＿＿＿＿

6 您覺得本書的封面設計如何？
□非常滿意 □滿意 □普通 □很差 □其他＿＿＿＿＿＿＿＿

7 非常感謝您購買此書，您還對哪些主題有興趣？（可複選）
□中西食譜 □點心烘焙 □飲品類 □旅遊 □養生保健 □瘦身美妝 □手作 □寵物
□商業理財 □心靈療癒 □小說 □繪本 □其他＿＿＿＿＿＿＿＿

8 您每個月的購書預算為多少金額？
□1,000元以下 □1,001～2,000元 □2,001～3,000元 □3,001～4,000元
□4,001～5,000元 □5,001元以上

9 若出版的書籍搭配贈品活動，您比較喜歡哪一類型的贈品？（可選2種）
□食品調味類 □鍋具類 □家電用品類 □書籍類 □生活用品類 □DIY手作類
□交通票券類 □展演活動票券類 □其他＿＿＿＿＿＿＿＿

10 您認為本書尚需改進之處？以及對我們的意見？
＿＿＿＿＿＿＿＿＿＿＿＿＿＿＿＿

感謝您的填寫，
您寶貴的建議是我們進步的動力！

【黏貼處】對折後寄回，謝謝。